investment | 金融投资理财

中国投资海外

质疑、事实和分析

中国改革基金会国民经济研究所　王　梅/著

中信出版社·CHINACITICPRESS·北京·

图书在版编目（CIP）数据

中国投资海外：质疑、事实和分析／王梅著．—北京：中信出版社，2014.8
ISBN 978 – 7 – 5086 – 4712 – 8
Ⅰ．①中…　Ⅱ．①王…　Ⅲ．①对外投资 – 直接投资 – 研究 – 中国　Ⅳ．①F832.6
中国版本图书馆 CIP 数据核字（2014）第 171311 号

中国投资海外——质疑、事实和分析

著　　者：王　梅
策划推广：中信出版社（China CITIC Press）
出版发行：中信出版集团股份有限公司
　　　　　（北京市朝阳区惠新东街甲 4 号富盛大厦 2 座　邮编　100029）
　　　　　（CITIC Publishing Group）
承 印 者：三河市西华印务有限公司

开　　本：787mm×1092mm　1/16　　　　字　　数：195 千字
印　　张：19　　　　　　　　　　　　　印　　次：2014 年 10 月第 2 次印刷
版　　次：2014 年 8 月第 1 版　　　　　广告经营许可证：京朝工商广字第 8087 号
书　　号：ISBN 978 – 7 – 5086 – 4712 – 8/F · 3238
定　　价：49.00 元

中国对外投资之新趋势与新问题

发展经济学的理论和近代一些国家发展的历史都可以证明,落后国家经济能够发展和起飞的一个重要条件是对外国资本(即发达国家企业、跨国公司的投资)开放。这些外国投资不仅带来可以弥补因国内储蓄不足而短缺的资本,更重要的是带来可能更为短缺的技术、管理、理念以至经济体制等。

落后国家经济发展的历史,一定首先是一部开放的历史。经济已经很落后了,差距已经很大了,不开放,不让发达国家的知识"外溢"到落后国家来(资本和管理等在现代经济学中最终可以归结为知识,即体现在物质中的知识和体现在人的能力中的知识),就不可能实现真正的"趋同"。中国过去 30 多年的发展史,不过是再次证明了这一点。

　　如果一个国家真正开始发展了，生产能力提高了，收入增长了，开放对它的意义会逐步转变为"走出去"。首先是产品走出去，争取更大的市场。这样做的意义在于更多更快地利用本地较为富裕的生产要素（比如劳动力和一些自然资源），在购买力较高的市场上获得更多的收益，使本国的就业和收入较迅速地增长，缩小差距。然后，它们也要更多地在世界市场上购买本国稀缺资源，保证经济的持续增长。最后，当它们自己的储蓄开始增多，生产能力也变得较为强大的时候，资本和企业就要开始走出去，学习发达国家资本和企业的榜样，也在全世界的范围内配置资源，整合生产要素以求持续的、更高水平的发展。这种走出去，在许多方面也还是包含着落后国家和企业"引进知识"的努力。首先是用资本通过并购获得外国企业所拥有的技术专利和研发能力，其次是在实践的过程中学习跨国公司整合全球资源的知识与技能，使自己也变为具有国际竞争能力的跨国公司。

　　20世纪后期才开始发展起来的国家，在走出去的过程中比起发达国家有着天生的弱势，因为发达国家很早就开始了海外扩张、开拓殖民地和资源掠夺的过程，那些国家的企业很早以前就在全世界的范围内寻求自己的生财之道，而那些落后国家也就是被殖民和被迫开放市场的落后国家的人们，虽然一直很努力地去学习和理解发达国家的制度和文化，但一直只是被局限在本土狭小的空间中寻求着自己的生存之道。那些没有被殖民的国家，由于长期落后，缺乏国际竞争力，也一直无法拥有走出去的资本、知识与能力。而当它们发展起来之后，国际市场早已被发达国家的跨国公司所占领，要"挤进去"，谈何容易，往往要花费更大的代价，做出更大的努力，才能逐步取得一席之地。发达国家与跨国公司则会仰仗其各方面的优势，用各种方法阻挠落后国家走出去的进程，从政治到外交，从规则的制定到舆论的压力，处处都可以看到强者维护其势力范围的努力。

这里特别值得分析的一个问题是，在20世纪下半叶以后发展中国家走出去的过程中，武力和战争事实上已经不再是一个可行的选项。发达国家资本和企业当年走出去的时候，那些商船是由国家的炮舰或是在前面开路或是在后面护航的。现在还有许多人在用17~18世纪欧洲列强为争夺殖民地而进行的战争和德国、日本崛起之后发动世界大战的历史来论证今天发展中国家的崛起也会挑起战争。但是，20世纪后半叶以来，发展中国家与发达国家之间以经济和科技实力为基础的军事能力的差距之大，已经使得新兴国家无法再把武力扩张作为自己发展的可行之路。而全球市场的形成，则使得通过贸易和投资进行"和平发展"成为现实的选择，尽管困难重重，但总归已经成为落后国家得以实现自己梦想的可行方式。

然而，发达国家早年用国家机器帮助企业走向世界的历史还是提醒落后国家的人们：企业走出去的过程，是需要国家提供公共服务的！军事服务不再是选项，其他的服务，例如外交、信息、财政、人力、经济与金融政策方面的服务，是有着积极的意义的，有助于企业在走出去的过程中克服弱势，发挥优势，少走弯路。

中国的资本和企业已经开始走出去。比较其他国家，包括与当今的新兴市场国家相比较，也包括与早年发达国家资本与企业走出的过程相比较，中国企业的海外投资具有以下几个特征：

第一，出于各种原因（本书对此有一些分析，在此不多叙述），中国最近这些年的储蓄率特别高，这使得中国在人均 GDP 只有发达国家1/10 左右的时候，就成为一个资本相对富裕的国家。50% GDP 的高额储蓄，全部变成国内投资，不可避免会发生产能过剩的问题，或因短期内基础设施投资太多而引起经济过热，所以要去海外寻找更多的投资机会，要么是购买美国的政府债券（官方资本输出），要么是由企业投入到国外的资源性产业或制造业领域。当然中国经济的基本问题是如何努力实现经济结构的调整，降低储蓄率、提高消费率，以减少投资总额，使资源得到更有效的利用，使居民更多地获得增长的实惠。但是这一过程是不可能在短期内完成的。这就决定了在可以预见的将来，中国的资本会有一个更大的数量（不一定是更大的比例）投向海外。这是一个不可避免的趋势，尽管中国本身仍然是一个比较落后的发展中国家。从这一背景来看，中国企业的对外投资刚刚开始，大潮还在后面。可以预见的是，在未来全世界的外国投资中，中国会占有相当大的份额。

第二，作为一个较大的内陆国家，中国几千年的历史中充满了内部争斗而几乎没有对外扩张。领土的扩张在很大程度上不是为了取得新的经济资源，而是为了保障"中原"的安全。这在一定程度上决定了中国人的政治思维和文化理念是"内向的"（inward looking），或者说是"内斗"的，有了问题不是求助于对外扩张而是更多地诉诸内部再分配（在这个意义上，中国不具有对外侵略的传统）。外部世界在历史上是不存在的，也是不需要去关注的。近代落后而被列强侵略的历史又往往使人们更容易选择闭关锁国而不是对外开放。1949 年新中国成立以后相当长的一段时间国家变得更加封闭，更加"自力更生"，就说明了这一点。这就导致中国人对世界认知的严重落后，直到 1979 年开始改革开放。中国人聪明且善于学习，许多中国人在近代历史上也开始走上移民的道路，但是中国企业走到世界上去发展，只是最近一些年的事情。中国人真正开始以投资者、企业家的视角去了解外部世界，是一个刚刚开始的进程。所以，历史决定了中国企业要走出去，但由于知识准备不足，人力储备不足，在短期内一定会付出比别人更大的"信息成本"，这会体现在大量投资低效甚至失败；体现在中国企业会因知识准备不足而面临巨大的风险，无论是宏观的风险还是微观的风险；也体现在政府和企业对走出去过程中可能面对的重重阻力缺乏应有的思想准备和主动应对的能力。落后本身就意味着要付出更大的代价，知识准备不足，就要付出更大的代价，可以说这是不可避免的现实。

第三，1949～1978 年 30 年的计划经济历史，决定了中国拥有较大规模的国有经济部门。尽管改革开放以后私人经济获得了很大的发展，GDP 的 70% 都来自非国有部门（包括外资企业），大量国有企业也实现了产权重组变成了非公有经济，但国有企业拥有较雄厚的资本实力和较优秀的人力资源，相比之下具有首先走出去的实力。国家对企业的公共服务，也较为容易在国有企业的活动中得以实现。因此，第一批实现走出去的中国企业大部分是国有企业。私人企业尽管也有不少在国际市场上进行投资活动（包括移民群体主动或被动地进行的一些投资活动），但多数因规模较小而不成"大的气候"，不大为人所知，不被媒体报道。这就给世界上的许多人一个主观印象：中国企业走出去，主要是国有企业走出去；于是连华为、中兴这样典型的私人企业，因为规模较大，也被一些人误认为是国有企业。这就产生了一系列在对外投资问题上值得研究的新问题：国有企业对外投资究竟是一种商业行为还是政治行为？政府与国有企业的关系究竟是怎样的？国有企业走出去是否会引起市场扭曲和不公平竞争？而一些国家不断以国有企业由政府控制、受政府指使为借口，对中国企业的对外投资设置重重障碍，使得中国的对外投资面临着一些特殊的困难。

中国对外投资正在形成新的趋势，中国的对外投资有些历史形成的缺陷，又有一些特殊的困难和额外的阻力。正是这些问题，要求我们进行更多的研究，要求我们这些进行理论研究、实证研究、政策研究的人们，深入下去，揭示真理，纠正谬误，提出建议。这方面的研究迄今还太少，有一些也还是停留在事实的描述上。国民经济研究所的王梅博士，以其长期从事经济分析的理论基础和长期在世界银行工作的实践背景，进行了近两年的深入研究，完成了这部著作。希望这一成果能够进一步推动这方面研究的展开。国民经济研究所也会在这个领域逐步深入下去。

这一研究获得了中信泰富和中信资源的大力支持，这里再次表示感谢。

樊　纲

2014 年 6 月 28 日

中国企业的海外发展急需系统性
学术研究作为支持

　　进入 21 世纪以来，随着中国经济的持续、高速增长，中国企业也以一种前所未有的速度，走向世界的各个角落，"中国军团"站到世界经济舞台中央的聚光灯下，成为一支重要的、不可忽视的力量。客观地说，这一切发生的有些突然，世界还没有准备好，中国企业自身也还没有完全准备好。

　　首先是国际社会，特别是西方社会的不习惯、不适应。过去二三百年以来，西方跨国公司主导着国际贸易和跨国间资本流动，其游戏规则是以西方大国为主制定的。"中国军团"突然闯入，并且来势凶猛，必然会对现有格局造成冲击。中国是社会主义市场经济国家，国有企业在国民经济中占主导地位，在海外投资中国有企业成为主力军是自然而然的事情。但是，由于社会制度不同，中国企业特别是国有企业的海外投资行为在很多情况下较难被西方社会理解，国有企业的商业投资行为很容易被解读为中国的国家战略，再加上一些西方国家政客及企业为达到其政治目的或商业目的所进行的负面宣传，因而出现所谓"中国投资威胁论"、"中国在非洲推行新殖民主义"等妖魔化言论，以及出现一些投资目的国政府以警惕所谓"中国国家任务"为借口，以国家安全为名义阻止中国企业的投资，也就不奇怪了。然而，这一问题必须要引起我们的高度重视，因为企业的海外投资需要获得投资目的国政府、社会和公众舆论的理解和支持，否则企业很难长期生存下去，更谈不上发展壮大了。

其次是中国企业自身的问题。自 20 世纪 80 年代初起步，中国企业的海外投资到现在已超过 5 000 亿美元的总量，经历了一个从"量变"到"质变"的过程。投资规模的迅速扩张，随之而来也暴露出企业自身存在的一系列问题和不足，例如，有些企业仍然习惯于用国内经营的思维来决策海外投资，国际化程度还不高，竞争力还不够强，对投资目的国的环保、安全、可持续发展重视还不够，在总体上投资收益率还比较低，等等。更值得注意的是，我们的一些企业到海外投资，还在重复地犯着其他企业曾经犯过的一些低级错误。

一国经济的基础是企业。企业强则国家强。中国已经发展成为世界第二大经济体，客观决定我国企业不可能仅局限于国内市场，必须要走出国门，参与到激烈的国际竞争当中。时代需要一大批优秀的国际化企业。这是一项长期任务，基础性的、系统严谨的理论与实证研究工作也是不可或缺的。

　　西方经济学界很早就开始对国际贸易和国际资本流动进行研究。从大卫·李嘉图的"国际贸易分工"理论，一直到第二次世界大战后对跨国公司行为的研究，提出了一系列相关的理论，例如产品周期理论、跨国公司行为的折中理论（"OIL理论"）等。从20世纪60年代起，日本随着国力的增强，也有一批经济学家对日本企业的海外投资行为进行比较系统的研究，提出了"雁阵理论"等学说。对于中国企业的海外投资，西方国家的研究机构一直在密切关注。据我所知，美国、欧洲、澳洲已有数个专门研究中国企业海外投资行为的机构或智库，这些机构在游说其所在国政府制定相关政策过程中发挥了重要的作用。

　　相比之下，在我国，对于中国企业海外投资行为的研究仍然处于起步阶段，没有得到主流经济学界的充分重视，也很少见到比较有分量的专著或研究报告①。一方面，缺乏在宏观层面对企业海外投资的系统性研究，没有形成我国企业海外投资行为的理论。对于国外妖魔化中国海外投资的言论，除了有时我国政府官员在不同国际场合出面驳斥外，几乎见不到有国内研究机构或智库组织发表的论据严谨、有实证数据支持、有说服力的高质量研究报告，舆论领域也缺乏用国际社会听得懂的语言来系统阐述中国企业的海外投资行为，告诉世界中

---

　　①　2006年由国务院发展研究中心企业研究所课题组著，人民出版社出版的《中国企业国际化战略》，是近几年来在这一领域比较有价值的一份研究报告。

国企业为什么走出去，中国企业走出去给投资目的国、给世界带来了什么好处，等等有力度的宣传。另一方面，针对我国企业国际化水平总体不是很高，还经常犯一些低级的、重复性的错误的现实情况，也亟待基础性的、系统性的研究作为支持。目前已发表的大部分文章，还多是集中在技术层面或政策建议层面，例如介绍如何在国外开公司、如何进行尽职调查、如何防范法律风险，或者建议国家应给予企业什么样的资金、税收、政策支持等。这些工作不是不重要，但是如果想要迅速提升中国企业国际化的整体水平，就需要有系统的对我国企业在"走出去"过程中的成功与失败案例进行整理、归纳和研究，建立基础数据库，从个案中总结出带有普遍规律性的东西，并将其广为传授。

王梅博士所著《中国投资海外——质疑、事实和分析》一书的出版，应该说是在上述第一个方面填补了一项研究空白。王梅博士受过系统的经济学训练，在世界银行工作了十几年，又有高盛等国际投行的工作经历，具有很好的政策研究能力和国际视野。她潜心近两年时间，从理论和实证两个角度，对中国企业海外投资的历史及现状进行了认真梳理，对中国企业海外投资的宏观及微观动因、投资方式、社会实践和未来发展趋势做出了详细分析，对许多问题有自己独到的观察和见解（见本书第八章），有针对性地回答了西方国家对中国企业海外投资的一些担心和质疑，使得本书成为一本严谨的学术性著作。我相信，王梅博士著作的出版，将有助于国际社会正确理解中国企业的海外投资行为。同时，我也希望王梅博士的著作可以带一个好头，对中国企业国际化问题的基础性理论与实证研究起到促进作用，使得有更多的研究机构和学者愿意加入到这一工作行列，对中国企业在"走出去"过程中出现或遇到的方方面面问题进行扎实系统的调查研究，并从研究中发现和总结有价值的规律，为企业发展服务，为政府决策服务，使得中国企业的国际化水平可以不断向更高的层次提升。

张极井

2014 年 6 月 23 日于香港

在我 2012 年年初有幸加盟樊纲老师的国民经济研究所后，中信泰富的张极井总裁向我提议，"中国对外直接投资在高速增长的过程中遇到许多挑战，但是目前国内对这个问题的系统关注还很不够，你也许应在这个领域做些研究。"

确实，与国际贸易和外国对华直接投资相比，中国对外直接投资是个新的题目。毕竟中国企业跨境投资的真正启动是在 21 世纪初中国加入 WTO 之后。而初出国门的中国投资，不可避免地遇到诸多障碍。其中一个重要的，但对其系统关注依然非常有限的障碍，是海外对中国对外直接投资的不了解、质疑和非议。中国对外直接投资的持续健康发展迫切需要更多的沟通和了解。

在本书中，我从新兴国家的角度，对中国对外直接投资的动机、方式和实践，在理论和事实方面进行了系统的分析和梳理。本书旨在帮助海外更好地了解中国的对外直接投资，从而减少他们的质疑，增加他们的接受度和认可度。本书的另一个目的是帮助中国企业增进对国外投资环境的了解，改进其投资策略和行为方式，并促使中国政府加快进行必要的体制改革。

在不久的将来，中国将成为净资本输出国。这意味着中国企业要不断学习和完善自己，以更成熟和更可持续的方式融入全球经济。同时，世界也要学会了解、认可和接纳一个来自新兴国家的全球企业公民。这对双方不断增进相互了解，持续努力地沟通，都提出了更高的要求。书中的研究是我们在这方面努力的开始。

本书在写作过程中得到了很多人的帮助。我首先衷心感谢樊纲所长和张极井总裁对本书的写作所给予的高度支持和极为有益的指教。我也非常感谢哥伦比亚可持续投资中心为本书所做的关于企业社会责任的背景论文，其对本书第十三章做出贡献。吕焱对中国对外直接投资的未来趋势分析，王碧君和边文龙对中国企业社会责任的分析，分别对第二章和第十四章做出贡献。胡李鹏提供了自始至终的助研工作。我也感谢那些接受我的访谈、与我分享观点的相关政府部门的官员、企业高管，以及从事跨境投资工作的朋友们。中信出版社的社长王斌对本书的写作和出版提供了非常宝贵的意见，总编辑季红、编辑许志和李淑寒也做了大量的编辑工作，我在此一并致谢。当然，本书中的所有观点和疏漏之处将由我自己负责。

王　梅

2014 年 5 月于北京

第三部分

中国对外直接投资的方式

导　言

中国对外直接投资需要更多沟通和了解

对外直接投资①意味着企业在全球范围内整合对自己有利的资源。在此基础上，跨国公司所从事的全球生产和营销活动代表着当今世界经济的核心生产力。在经济日益全球化的背景下，以新兴市场经济国家为代表，越来越多的发展中国家的企业选择到海外投资并购。这些投资并购活动增强了这些企业的国际竞争力，促进了这些企业所在产业的结构调整和升级换代，进而提升了其母国的总体竞争力。②

---

① 国际上对"对外直接投资"有严格的定义，通常指持有某境外企业 10% 或以上的股权，从而能长期有效地影响该企业的管理经营决定。对外直接投资包括绿地投资和收购股本（见 OECD 2008）。

② 联合国贸易和发展会议，2006。

自 2001 年加入世界贸易组织（简称 WTO）以来，中国的对外直接投资取得了飞速增长。2002~2012 年，中国对外投资的年均复合增长率达到 43%。[①] 在全球金融危机以及之后的 2008~2012 年，中国对外投资规模骤增，其间年平均投资金额达到 687.4 亿美元，是 2001~2007 年的年平均投资金额的 6.5 倍。

然而，在为东道国经济做出贡献而受到这些国家欢迎的同时，中国投资在海外也不断遭受到诸多质疑，并成为中国对外直接投资的主要障碍之一。[②] 这些质疑大致分为三类：首先，对中国到该国投资动机的质疑。例如，很多西方国家的政策制定者、监管机构、媒体和学者担心中国投资是出于政治和战略的考虑，是政府的政策工具，而不是单纯的商业行为。其次，对投资方式的质疑。比如，美国政府认为中国企业，特别是国有企业，在中国政府的优惠政策的支持下，具备了美国企业所没有的竞争优势，从而扩大了它们的市场份额。这种投资方式扰乱了公平竞争。最后，对投资实践的质疑。例如，海外媒体和公众经常指责中国在海外投资的企业没有社会责任感；在海外经营时破坏环境，没有社区精神；等等。

中国对外直接投资的蓬勃发展让一些人不习惯和产生疑虑在一定程度上是可以理解的，因为它是一个新事物。传统的观点认为，对外投资是资本从发达国家流向发展中国家。而中国不仅是一个发展中国

---

① 选择 2002 年是因为 2000 年的流量异常低以及 2001 年的流量异常高。

② 另一个主要障碍是中国企业自身能力和经验的不足。

家，还有不同的国家制度和转型经济的各种特征，这些不同的特征使世界在了解中国投资时需要花费更多的努力。但是，有些质疑则是竞争对手为达到投资保护的目的而刻意制造的，是故意的事实忽略（willful ignorance）。无论出于何种原因，这些质疑都常常在监管层做出的对中国投资的负面决定中体现出来。

本书旨在从新兴市场经济国家的角度，就以上三类质疑对中国对外直接投资进行梳理分析，以增进世界对中国对外直接投资的了解。那些不了解、质疑和投资保护主义，不但会阻碍中国对外投资的顺利进行和取得成功，也使本来可以受益的东道国丧失经济增长和增加就业的机会。本书的另一个目的是使中国的读者增进对国外投资环境的了解，同时促进政府部门加快体制改革、企业改进其投资策略和行为方式。

正如联合国贸易与发展会议发布的《2006世界投资报告》所指出的那样，对于发展中国家的海外投资动因及其影响，需要进一步的对话和增加认识与了解。通过分析，以及观点和经验的交流，来促进达成共识，并帮助发展中国家从对外直接投资新的机会中获得最大可能的收益。[1]

本书分为四个部分。第一部分介绍中国对外直接投资的概况，包括它的历史、现状、未来趋势，以及其所遭受的不断质疑和趋紧的监管审查；第二部分分析中国对外直接投资的动机，包括理论的解释，

---

[1] 《2006世界投资报告》第240页。

以及中国对外直接投资的全球化背景、宏观因素和微观动力；第三部分介绍中国对外直接投资的方式，包括对比发达国家政府在企业活动中的作用、中国企业之间的激烈竞争，以及中国的国有企业改革；第四部分介绍中国对外直接投资的实践，包括西方企业社会责任实践的历史、发展中国家面临的挑战，以及中国企业社会责任实践的历史和现状。

在基于理论、事实和数据的梳理分析之后，笔者得出如下主要结论：

投资动机。中国对外直接投资的动机和传统的对外直接投资理论完全相符。全球化是包括中国在内的新兴国家对外投资的根本驱动力。一方面，科技革命、市场经济的发展，以及反对保护主义的共识为新兴市场企业的国际化经营提供了有利条件；另一方面，全球化使得新兴市场企业在国内也面临西方跨国公司的强大竞争。企业必须迎接挑战，培养全球竞争力。在一系列宏观因素的影响下，中国企业和其他新兴国家的企业一样，力图通过在海外投资并购获取资源、市场、技术、品牌和效率。中国对外投资从根本上是经济利益驱动的，是简单明了的商业行为。

投资方式。新兴国家给予其企业政策支持不是新的现象，所有发达国家在其工业化过程中为了与当时比自己更先进的国家竞争，都曾利用过保护和补助的手段。新兴市场企业所进入的"国际竞技场"早已不是公平的竞争市场，它严重倾向发达国家的寡头垄断企业；即使在现代，发达国家依然在运用各种明显或者不明显的产业政策手段来支持和资助自己的企业。国家之间的利益角逐和平衡应通过国际贸易和投资的谈判取得，"竞争中立"的本质是遏制新兴国家的发展能力。中国的国有企业已经有了很大的变化，发展混合所有制经济正在引领新一轮国有企业改革。

投资实践。企业社会责任实践是一个充满争议的话题：一方面，西方跨国公司自 20 世纪 90 年代开始重视企业社会责任；另一方面，它们的努力和实践被很多人批评只是在作秀。中国企业和其他新兴市场企业一样在海外投资的历史相对较短，并且面临资金实力的限制；中国的海外投资很多集中在采掘和基础设施行业，这些行业的特性使得中国跨国公司面临更大的挑战。一批先进的中国企业已经取得了不小的成绩，但作为国际市场上的"新手"，中国企业整体上还要在践行企业社会责任方面继续发展和完善，其中一个急需学习和掌握的能力便是与利益相关者进行有效的沟通。

第一部分
中国对外直接投资概况

CHINA OVERSEAS
INVESTMENT

自 21 世纪初以来，高速增长的中国对外直接投资引起了全球的关注。 但在对东道国的经济做出贡献而受到欢迎的同时，中国对外直接投资也遭受了诸多质疑和非议。

第一部分首先介绍中国对外直接投资所经历的四个阶段：试水、蹒跚起步、大胆跃进和规模骤增；然后讨论中国对外直接投资的主要特点，并预测其未来走向；最后详述中国对外直接投资在主要西方发达国家所受到的不断质疑和面临的不断趋紧的监管审查现状，并分析论述其动因。

第一章

高速增长的中国对外直接投资

中国对外直接投资在进入 21 世纪以后开始高速增长（见图 1 - 1）。2002 ~ 2012 年，中国对外直接投资年平均复合增长率高达 43%，总量增长了 33 倍。2012 年，中国对外直接投资当年流量已达 878 亿美元，累计投资净额达 5 319.4 亿美元。

中国对外直接投资的四个阶段

中国对外直接投资大致经历了四个阶段，分别是 20 世纪 80 年代，20 世纪 90 年代，2001 ~ 2007 年，以及 2008 ~ 2012 年。每个阶段的平均流量分别为 4.1 亿、23.3 亿、105.9 亿和 687.4 亿

（亿美元）

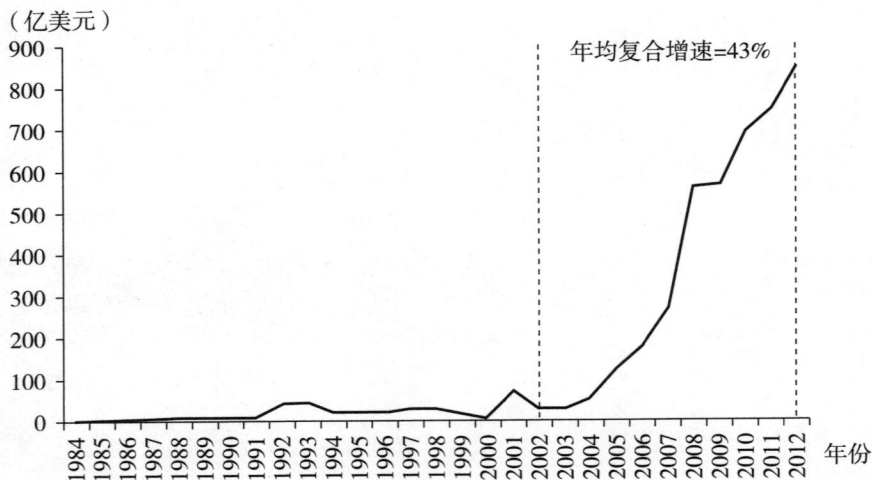

图1-1 中国对外直接投资流量

资料来源：商务部《2012年度中国对外直接投资统计公报》，联合国贸易和发展会议数据库

美元，见图1-2，每个阶段的平均流量都分别比前一阶段增长了大约5~6倍。

（亿美元）

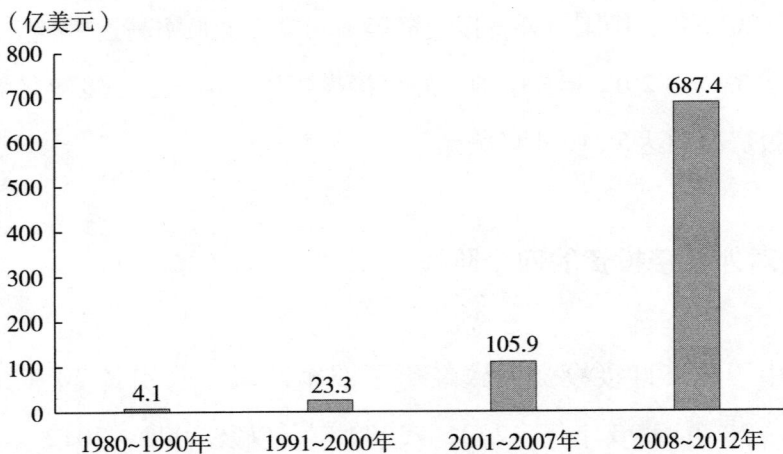

图1-2 中国对外直接投资的四个阶段（流量）

资料来源：联合国贸易和发展会议数据库

中国对外直接投资在各个阶段的特点如下。

1. 试水阶段（20 世纪 80 年代）

20 世纪 80 年代，中国改革开放刚刚开始，国家整体经济实力比较薄弱，外汇储备极其缺乏。绝大多数中国企业还在逐步适应刚刚起步的中国市场经济，对外部的世界知之甚少。在此阶段，中国企业进行了有选择的海外投资的尝试。此期平均每年海外投资金额只有 4.1 亿美元。除了大型国有外贸企业在贸易、航运等行业的投资，直接从事生产经营活动的海外投资很少（戴春宁等，2009），比较有代表性的案例包括中国国际信托投资公司（简称中信）的一些投资并购项目，例如 1984 年其在美国投资收购林地，1986 年在澳大利亚收购电解铝厂、在加拿大收购纸浆厂，1988 年在美国收购钢厂等。其中，签署收购澳大利亚波特兰铝厂 10% 权益的协议是在 1985 年 12 月，1986 年 8 月完成收购，这是中国第一例海外资源类资产投资。

此时在发展中国家中，以巴西、智利、阿根廷为代表的拉美国家是对外直接投资的主要推动方，但是总体规模很小。[①]

2. 蹒跚起步阶段（20 世纪 90 年代）

1992 年邓小平的南方谈话把中国的改革开放推进到一个新的阶

---

① 参见 UNCTAD 数据库。

段。1992 年 10 月，中国共产党召开第十四次全国代表大会，明确提出了建立社会主义市场经济的目标，并指出要"积极地扩大我国企业的对外投资和跨国经营"（冯雷等，2011）。在这期间，中国第一次制定了一系列有关境外投资的管理规定。①

如图 1-3 所示，中国对外直接投资在这个阶段的平均年投资额达到 23.3 亿美元。此外，投资的区域、行业和数目都有所增加，投资的主体也开始多元化。例如，首钢在 1992～1993 年进入国际化经营的迅速增长期，在短短两年内建立了首钢国际企业有限公司、首钢马来西

（亿美元）

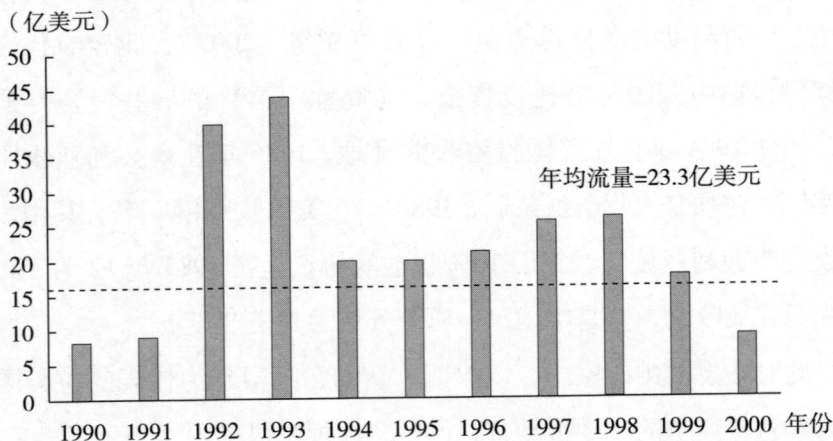

年均流量=23.3亿美元

图 1-3　20 世纪 90 年代中国对外直接投资流量
资料来源：联合国贸易和发展会议数据库

_____

① 例如，1992 年，国有资产管理局、财政部和国家外汇管理局制定了《境外国有资产产权登记管理暂行办法》。1993 年，国有资产管理局、原对外贸易经济合作部和海关总署制定了《关于用国有资产实物向境外投入开办企业的有关规定》（冯雷等，2011）。

亚有限公司、印尼萨发利有限公司、首钢迪拜钢丝厂、首钢秘鲁铁矿公司等 17 家海外投资企业；中石油在 20 世纪 90 年代初在秘鲁、哈萨克斯坦等国投资；福耀玻璃 1994 年在美国投资建厂；海尔集团、万向集团和 TCL 则在 20 世纪 90 年代末分别尝试在菲律宾、美国和越南投资建厂（典型案例见专栏 1-1）。

专栏 1-1　1996 年中矿国际投资澳大利亚氧化铝

中国矿业国际有限公司（Sino Mining International，以下简称"中矿国际"）1995 年在澳大利亚注册成立，由中国有色总公司（中国有色）全资控股。中矿国际完成的第一笔重大投资，是 1996 年年底向美铝与澳大利亚 WMC 的合作项目 Alcoa Worldwide Alumina and Chemicals（AWAC）投资收购氧化铝的交易。根据协议，中国有色向美铝预付 2.4 亿美元，美铝每年向中国有色按成本价供应 40 万吨氧化铝，合同为期 30 年，合同总金额当时估计达到 21 亿美元。

这是当时中国最大的海外投资项目。中矿国际使中国有色企业的国际化迈出了第一步。尤为重要的是，这个项目为日后中国企业的海外并购积累了一批创业者和实务操作者，它们成为 2004 年中国五矿集团收购加拿大矿业公司诺兰达，以及 2008 年和 2009 年中铝公司入股和注资力拓集团的主要操盘手。

资料来源：收购者来自中国. 财经. 2009(5)

　　然而在总体上，中国企业对海外投资依然缺乏积极性。例如，原冶金部在 20 世纪 90 年代曾组织过宝钢、武钢、马钢等钢铁企业到澳大利亚、巴西洽谈合作，但是企业并未表现出强烈的合作欲望，"当时企业并不看好铁矿石市场，担心开发出来的铁矿石卖不出去"。① 1995 ~ 1999 年，中国在海外最大的 20 个并购项目中，有 13 个并购对象都在香港。②

　　当时，国家的政策法规对海外投资的限制是很严格的。例如，"……投资额在 100 万美元以上（含 100 万美元）的项目，其项目建议书和可行性研究报告由国家计委会同有关部门审批；合同、章程由经贸部审批并颁发批准证书。……中方投资额在 3 000 万美元以上（含 3 000 万美元）的项目，其项目建议书和可行性研究报告由国家计委会同有关部门初审后报国务院审批"。③

　　1997 ~ 1998 年的亚洲金融危机使中国对外直接投资的步伐慢了下来，2000 年的投资额又回落到 1991 年的水平，④ 仅为 9 亿美元。

　　20 世纪 90 年代前期和中期，亚洲新兴工业化市场国家和地区，例如新加坡、韩国、中国台湾是发展中国家对外直接投资的主要推动者，但是 20 世纪 90 年代末的亚洲金融危机对这些国家和地区造成了

---

① 收购者来自中国. 财经. 2009（5）.

② Deal logic.

③ 参见《对外经济贸易部关于在境外举办非贸易性企业的审批和管理规定（试行稿）》，1992 年 3 月 23 日. http://mep128. mofcom. gov. cn/mep/zcfg/jwtz/99422. asp。

④ 之所以把 2000 年划入 20 世纪 90 年代，是因为 2001 年中国加入世界贸易组织（WTO），这一事件具有转折性的意义。

负面影响,① 使对外直接投资的步伐放缓。

3. 大胆跃进阶段 (2001～2007 年)

随着中国在 2001 年加入 WTO，中国企业开始在本国市场上面临来自外国跨国公司的各种形式的竞争。一些中国企业大胆地迎接挑战，进行国际化经营，努力培养在全球范围内的核心竞争力。2003年，国务院国有资产监督管理委员会（以下简称"国资委"）成立，要求央企做大做强。一家央企如果不能进入行业前三名，就有可能被并购重组。这也给央企通过海外投资扩大规模提供了动力。

在这个阶段，中国企业对外直接投资年平均流量跃增到 105.9 亿美元，出现了一批代表性海外并购的案例，引起全球关注，其中包括中远收购美国长滩码头，海尔竞购美国家电制造商美泰克公司，华为收购英国电信设备制造商马可尼，南汽收购罗浮，联想收购 IBM 的 PC 业务，TCL 重组汤姆逊，中信收购哈萨克斯坦国家能源公司，中石油收购印尼油气田，五矿竞购加拿大诺兰达，中海油竞购美国石油公司优尼科等。

在此期间，中国在海外前 20 个最大的并购项目中，有 13 个并购对象都是在中国香港地区以外，包括美国、英国、澳大利亚、南非、尼日利亚、俄罗斯等国。② 这和 20 世纪 90 年代形成鲜明对比。这个阶

---

① 参见 UNCTAD 数据库。

② Deal logic.

段也是发展中国家对外投资迅速增长的年代。不仅从金融危机走出来的亚洲国家积极参与对外投资，拉美部分国家经济的持续增长也带动其对外投资规模逐渐增大。特别是以巴西、俄罗斯、印度、中国、南非为代表的新兴市场国家对外投资的迅速增长开始在全球受到瞩目。它们在此期间进行了一系列引人注目的投资并购。详见专栏 1-2。

> **专栏 1-2　新兴市场国家在 21 世纪初的海外并购案例**
>
> 巴西：2007 年，巴西淡水河谷公司以 167 亿美元收购国际镍业公司（加拿大）。
>
> 印度：塔塔集团成功竞购克鲁斯公司（英国/荷兰），2007 年完成收购，总成交额达 135 亿美元。2007 年，印度铝业公司以 60 亿美元收购 Novelis 公司（美国）。
>
> 墨西哥：2007 年，西麦斯公司以 155 亿美元购得瑞科尔公司（澳大利亚），为澳洲史上最大一起收购案。
>
> 俄罗斯：2005 年，卢克石油海外控股有限公司以 20 亿美元收购英国尼尔森资源有限公司。
>
> 沙特阿拉伯：2005 年，Oger 电信公司以 65.5 亿美元收购土耳其 TElekomunikasyon AS 公司。
>
> 阿联酋：迪拜世界港口公司收购 P&O 轮船公司，在美国引发政策激辩。2006 年该项收购获批准，收购金额为 68 亿美元。
>
> 资料来源：Karl P. Sauvant, The rise of TNCs from emerging markets: the issues, 2008

4. 规模骤增阶段（2008～2012 年）

2008 年以来，受全球金融危机的影响，很多发达国家的企业面临资金短缺、市场萎缩、经营困难等挑战，为中国企业的海外投资带来了许多机会。一方面，中国企业经过多年积累，资金、规模、实力不断增强；另一方面，原来估值高、买不起的资产，在全球金融危机后变得便宜很多。由于多数西方企业处于困境，所以竞标的对手也减少很多。

2008～2012 年，中国海外投资年平均流量增长了 6.5 倍，达到 687.4 亿美元。其间中国企业海外收购经典案例包括中国五矿收购澳洲矿商益司矿产，腾中重工收购悍马，中石化购买阿达克斯石油公司，吉利购买沃尔沃，中石油购买新加坡石油公司，中联重科收购意大利的 CIFA，三一重工收购德国机械巨头普茨迈斯特，中铝入股和试图注资力拓，中海油购买加拿大的尼克森石油公司等。

也正是在这个阶段，中国的对外直接投资流量第一次超过俄罗斯，跃居金砖国家之首（见图 1－4）。巴西和印度的对外直接投资发展速度则在金融危机期间急剧下降。巴西的海外公司在 2009 年通过公司内部贷款向国内汇回 100 亿美元，导致巴西在 2009 年的对外直接投资成为负数（Campanario，2012）。

（百万美元）

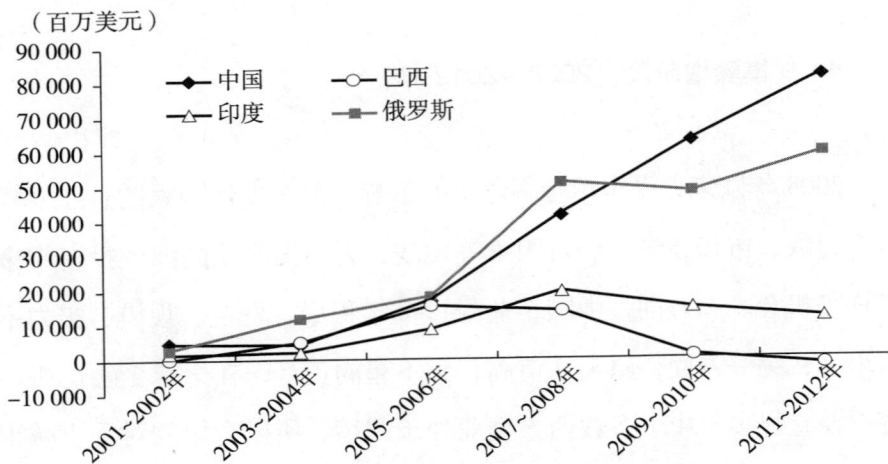

图 1-4 金砖四国对外投资流量

资料来源：商务部《2012 年度中国对外直接投资统计公报》，联合国贸易和发展会议数据库

中国对外直接投资的特点

中国对外直接投资具有以下 8 个特点。

1. 增长速度快

如前所述，在 2001 年加入 WTO 之后，中国的对外投资迅速增长起来。2012 年，中国对外直接投资流量为 878 亿美元，跃居世界第三位（见图 1-5），占全球对外直接投资流量的6.3%。中国对外直接投资在 2006～2012 年间的平均增长速度为30.7%，位居 2012 年全球对外直接投资流量前 10 名国家之首（见图 1-6）。

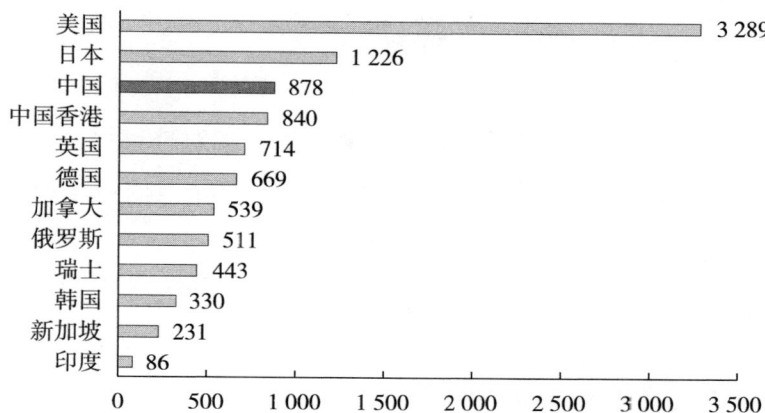

图1-5　2012 年中国对外直接投资流量居世界第三（亿美元）
资料来源：商务部《2012 年度中国对外直接投资统计公报》，作者计算

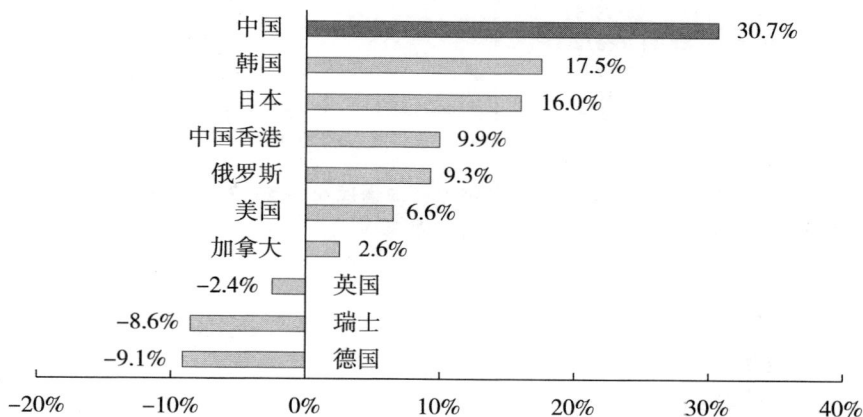

图1-6　2006～2012 年中国与主要国家对外直接投资年复合增长率
资料来源：商务部《2012 年度中国对外直接投资统计公报》，作者计算

2. 存量依然很小

2012 年中国对外直接投资存量为 5 319.4 亿美元，居全球第 13 位

（见图 1 - 7），只占全球存量的 2.3%（见图 1 - 8）。① 虽然高于俄罗斯、巴西和印度，但远远低于所有发达国家的水平。例如，美国在 2012年年底的对外投资存量是 5.2 万亿美元，是中国对外直接投资存量的10.2 倍。日本的对外投资存量是 1.1 万亿美元，是中国的 2.1 倍。

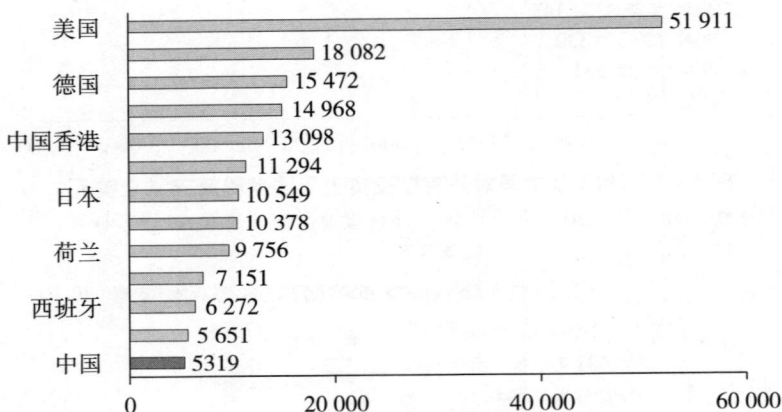

图 1 - 7　2012 年中国对外直接投资存量居全球第 13 位（亿美元）
资料来源：联合国贸易和发展会议数据库

3. 发展空间很大

作为世界第二大经济体，中国在 2012 年全球贸易中的占比为9.9%，在全球 GDP 中的占比为 11.3%，二者都远高于中国对外直接

---

① 源自联合国贸易和发展会议（UNCTAD）《2013 年世界投资报告》。2012 年全球对外直接投资年末存量为 23.59 万亿美元。

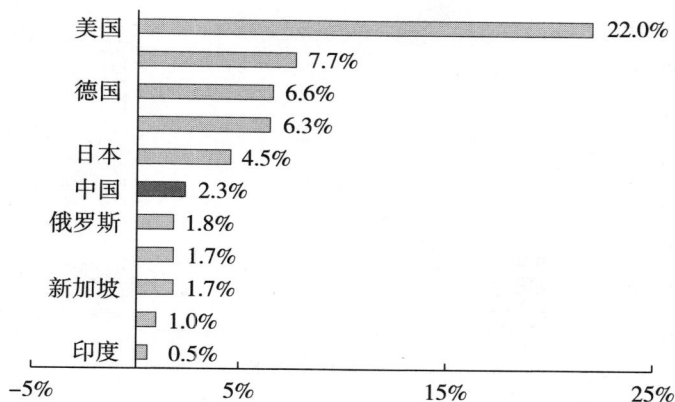

图 1 – 8　2012 年中国与主要国家对外直接投资存量占全球对外投资比例
资料来源：联合国贸易和发展会议数据库

投资存量占比的 2.3%（见图 1 – 9）。另外，就对外投资存量占 GDP 的比例而言，全世界的平均比例是 33.0%，发展中国家是 17.4%，而中国只有 6.6%（见图 1 – 10）。因此，中国对外直接投资的发展显然落后于国际平均水平，具有很大的发展空间。①

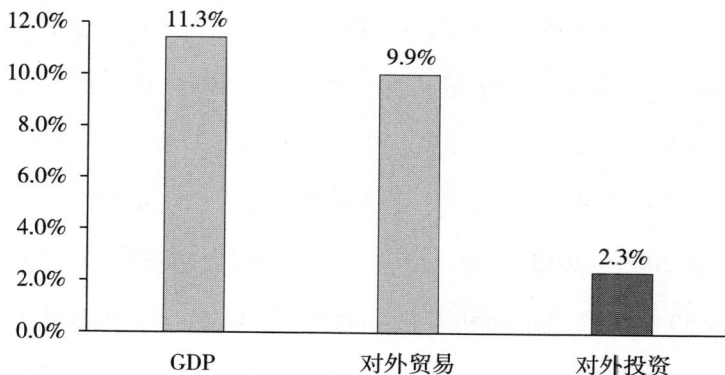

图 1 – 9　2012 年中国 GDP、对外贸易、对外直接投资存量占全球总额比例

---

① 下一章对中国对外直接投资的发展速度有具体的预测。

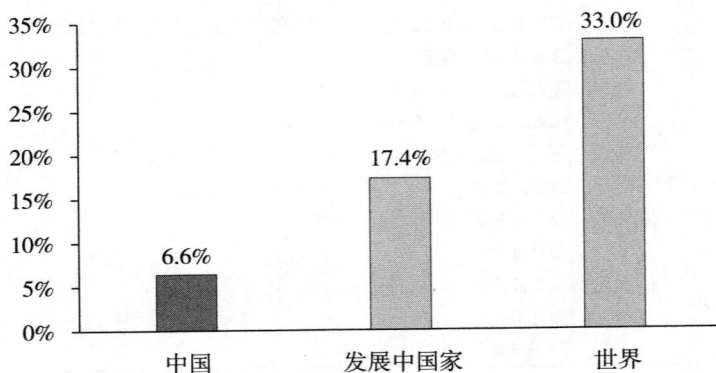

图1-10 2012年对外直接投资存量占GDP比重
资料来源：联合国贸易和发展会议数据库

4. 中国海外投资目的地已从亚洲转向发达国家

从2012年中国海外投资存量的数据来看，亚洲是中国海外投资的首选，存量高达3 644亿美元，占全部存量的68.5%。拉丁美洲是差距很大的第二，存量为682亿美元，约占12.8%。在欧洲的投资存量为第三，370亿美元，占7.0%。北美、非洲和澳洲的存量分别为255亿、217亿和151亿美元，占比分别为4.8%、4.1%和2.8%。从2006~2012年的年复合增长率来看，澳洲、北美和欧洲居前，高达59%，超过非洲和亚洲的43%和40%；拉丁美洲居后，为23%（见图1-11）。海外投资通常会从相邻的、文化相近的国家开始，在积累了经验后，再向更远的国家转移。中国对外投资的地域变化也遵循了这个规律。另外，中国正处于转型发展时期，工业企业的转型升级和升级换代，是中国从中等收入国家向高等收入国家过渡过程中所面对的主要挑战之一。西方发达国家的科学技术、品牌、管理经验和人才，自然成为中国企业海外并购的主要目标之一。

（年复合增长率）

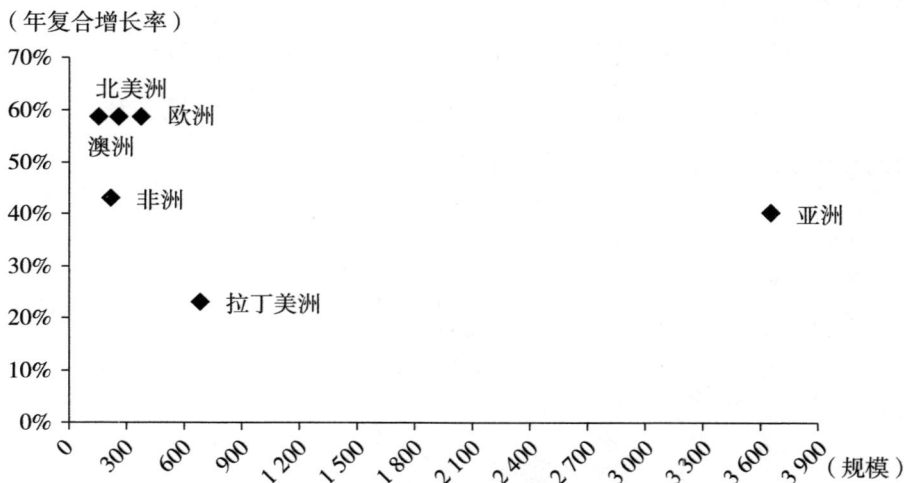

图1-11 中国海外投资存量：2012年规模和2006～2012年
年复合增长率（单位：亿美元）

资料来源：商务部《2012年度中国对外直接投资统计公报》，作者计算

5. 建筑业、制造业、批发零售和基础设施投资更加活跃

租赁/商业服务业和采矿业曾是中国对外直接投资占比最大的两个行业，但二者在2012年的投资占比与2011年相比有较大幅度的下降，尤其是采矿业15.4%的占比已大大低于2004～2010年的平均值20.6%。

相比较而言，2012 年在批发/零售、金融、制造业、农林牧渔和建筑业的投资占比与 2011 年相比都有所提高，也都高于 2004～2010 年的平均值。建筑业、制造业、批发/零售业和基础设施是与 2004～2010 年相比投资占比增加最大的行业，分别增加 2.7%、1.5%、1.2% 和 1.2%（见图 1－12）。制造业主要包括在专用设备、汽车、电器机械及器材、食品、化学原料及制品、有色金属冶炼及压延加工、医药、计算机/通信及其他电子设备、纺织服装/鞋/帽、纺织业等行业的投资。

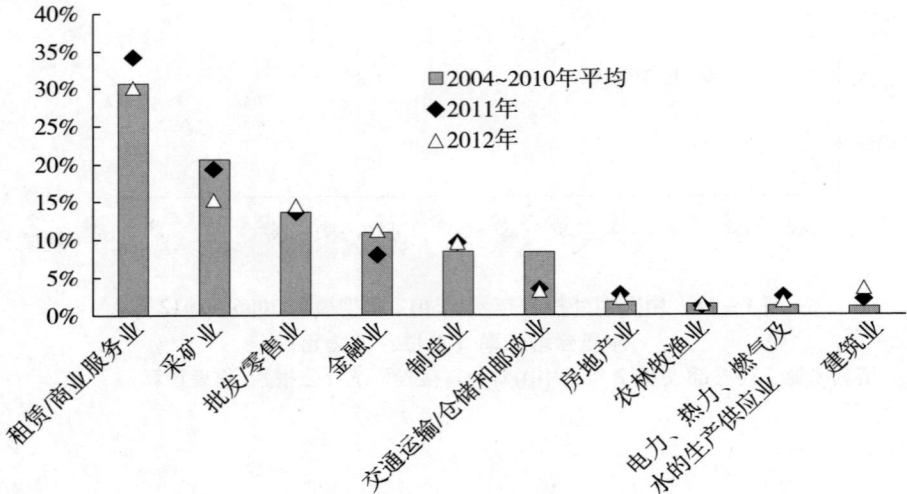

图 1－12　中国对外直接投资行业分布（2012 年、2011 年
与 2004～2010 年平均值对比）

资料来源：商务部《2012 年度中国对外直接投资统计公报》

6. 国有企业对外投资流量和存量占比下降

在 2012 年的中国对外投资流量中，国有企业非金融类对外投资流

量占总流量的 46.6% ，比 2011 年下降 8.5 个百分点。如图 1 - 13 所示，中央企业的投资流量比例呈逐年下降趋势。与之相反，地方企业投资的存量占比则呈逐年上升趋势，在 2012 年达到 28.5% （见图 1 - 14）。2012 年年末，在非金融类对外投资存量中，国有企业占59.8% ，比 2011 年下降 2.9 个百分点。

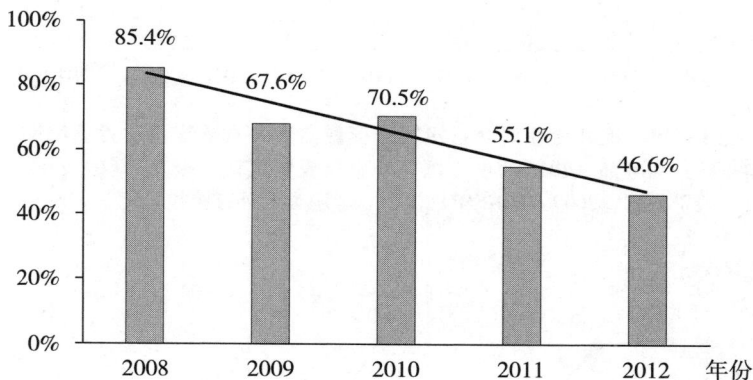

图 1 - 13　国有企业对外直接投资流量占对外直接投资总流量比例

资料来源：商务部《2012 年度中国对外直接投资统计公报》，2008～2010 年为央企数据，2011～2012 年为国企数据

7. 并购交易的规模很小

目前，中国的并购规模虽然呈上升的趋势，但是占对外直接投资总量的比重自 2010 年以来呈下降的趋势（见图 1 - 15）。

2011 年，中国最大的并购交易金额为 48 亿美元，与世界上最大的并购交易金额 374.4 亿美元相去甚远，即使是排名世界第十位的并

（亿美元）

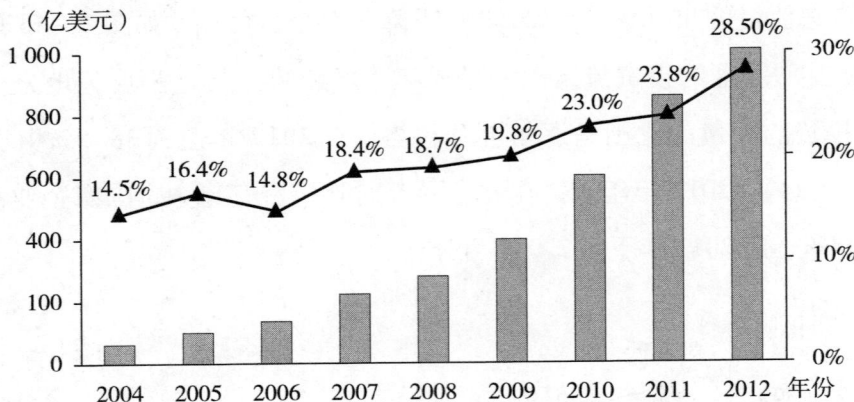

图 1－14　地方企业对外直接投资存量占对外直接投资总存量比例

资料来源：商务部《2012 年度中国对外直接投资统计公报》，其中 2004～2008 年为对外直接投资数据，2009～2012 年只包含非金融类对外直接投资

（亿美元）

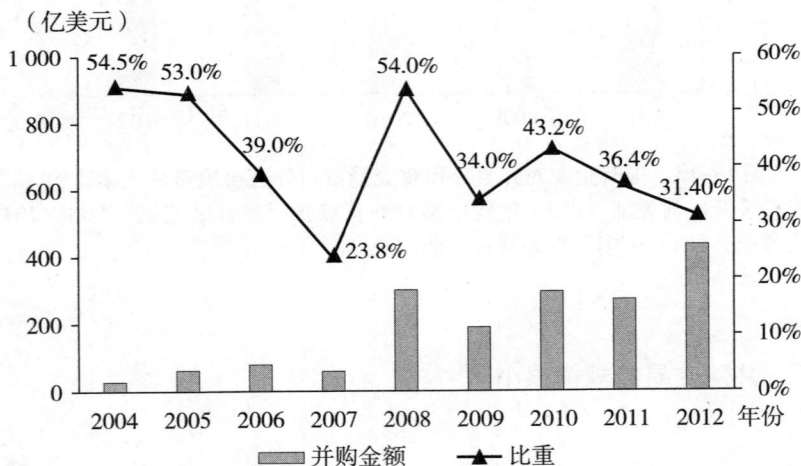

图 1－15　中国对外直接投资并购金额及占比

资料来源：商务部《2012 年度中国对外直接投资统计公报》

购交易金额也近 147 亿美元（见附录 1）。

2012 年，全球最大 20 个并购项目的平均交易额是 186.38 亿美元，而中国最大 20 个海外并购项目的平均交易额仅为 23. 12 亿美元（见图 1 - 16）。

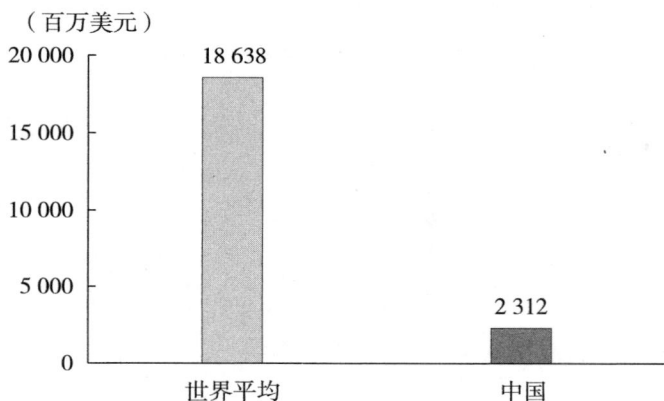

（百万美元）

图 1 - 16　中国与世界对比：2012 年最大 20 个并购项目的平均交易额
资料来源：Thomson One

8. 真正意义上的中国跨国公司还很少

在评价跨国公司国际化水平时，常用的标准之一是海外营业额指数，即海外营业额占总营业额的比例。这个系数在一定程度上代表一家公司的产品是否在国际市场上有竞争力。

2012 年，在中国企业 500 强中，共有 267 家企业提供了海外营业收入数据。也就是说，有将近 50% 的中国 500 强企业还全部依靠国内市场赚钱。这 267 家填报海外营业收入数据的企业在 2012 年共实现海外营业收入 5 万亿元，占它们营业收入总额的 11. 14%，较 2011 年的

14.13% 有所下降。[1] 而美国 S&P 500 公司在 2012 年平均海外收入达到其收入总额的 46.6%。[2] 这也就是说，美国的跨国公司有将近一半的收入是从海外市场挣来的，而中国 500 强企业的收入几乎都是在国内市场赚得的，真正具有国际竞争力的中国跨国公司凤毛麟角。

① 企业联合会，"2012 中国企业 500 强"项目。

② S&P Dow Jones Indices.

第二章

保持持续增长的中国对外直接投资

基于中国宏观经济发展的趋势，我们对中国对外直接投资在今后 10 年的趋势进行了预测，预测的结果是它将以平均年复合增长率 19% ~22% 的水平增长。中国对外直接投资因而迫切需要得到世界的客观了解和接受。

中国对外直接投资在今后 10 年将保持高速增长[①]

根据我们的宏观分析预测，如图 2 - 1 所示，中国对外投资在今后

———————————

① 本节基于吕焱所做的预测分析，其在樊纲和王梅的指导下，以及国民经济研究所资助下完成该分析。

10 年会继续保持高速发展的势头，平均年复合增长率将达到 19% ~ 22% 的水平。这个高速发展的趋势是由中国宏观经济状况——包括经济总量和储蓄额的增长——决定的。

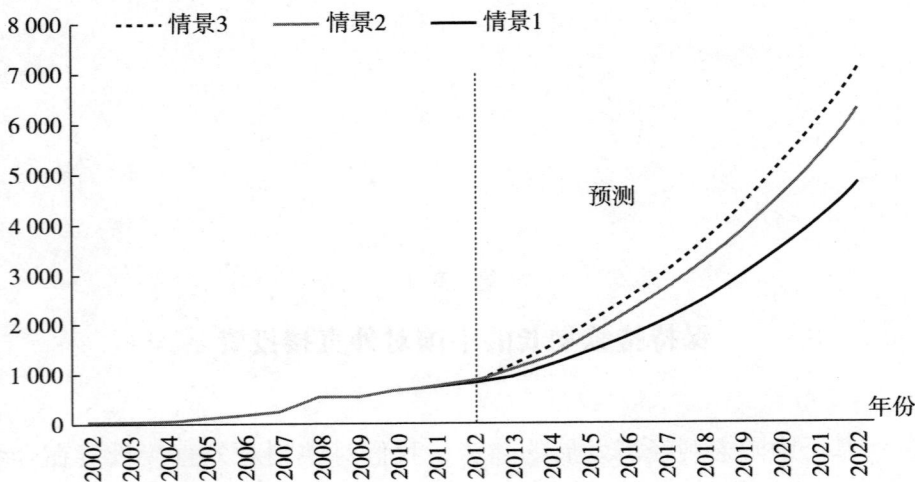

图 2 - 1　中国对外直接投资流量预测（2013 ~ 2022 年）

目前，中国对外投资的来源是国民储蓄额。在今后 10 年里，中国的国民储蓄额将随着中国经济的持续增长而增长。即使国民储蓄率在未来 10 年会有所下降，但是只要经济总量保持每年一定程度的增长，国民储蓄额仍将保持逐年增长的态势。

预测所用的基本假设

一般情况下，国民储蓄会被用于国内投资和国外投资。其中，国外投资包括对外直接投资（本书研究的内容），以及证券和其他形式的对外投资。国内投资者将会根据各类投资形式的回报率和风险，结合自身的风险偏好，决定储蓄额在各类投资中的最优分配比例。

有两方面原因会使中国对外直接投资持续增长。首先，如果各类对外直接投资形式的分配比例不随经济总量和国民储蓄额的增长而变化，则国民储蓄额的增大将导致各类投资以相同比例增长。因此，国民储蓄额的逐年增加将导致对外直接投资流量的逐年增大。其次，如果伴随经济总量和储蓄额的增长，推动企业对外直接投资的驱动力进一步加强，例如更多企业有意愿、有能力且被允许进行对外直接投资，对外直接投资在所有形式投资中的占比将增大，则中国未来对外直接投资流量会进一步增大。

我们的预测包括三个情景分析，每个情景所用的基本假设如表 2-1 所示。

表 2-1　预测 2013~2022 年中国对外直接投资流量的 5 个基本假设

	情景 1		情景 2		情景 3	
1. GDP 增长率	实际	名义	实际	名义	实际	名义
2013~2017 年	7%	10%	7%	10%	7%	10%
2018~2022 年	6.5%	9%	6.5%	9%	6.5%	9%
2. 人民币兑美元汇率每年升值						
2013~2022 年	2.5%		2.5%		2.5%	
3. 经常账户余额占 GDP 比例						
2013~2017 年	3%		3%		3%	

（续表）

	情景 1	情景 2	情景 3
2018～2022 年	3%	2.8%～2.0%*	2.8%～2.0%*
4. 对外负债增加额占 GDP 的比重			
2013～2022 年	5.5%	5.5%	6.5%
5. 对外直接投资增量占各类国外投资增量的比例			
2013～2022 年	在 10.8% 基础上，每年增加 1%	在 10.8% 基础上，每年增加 2%	在 10.8% 基础上，每年增加 2%

* 逐年从 2.8% 降到 2.0%。

预测的出发点是对中国 GDP 今后 10 年增长率的假设，以得到 GDP 每年的规模（见假设 1）；在将 GDP 规模换算为美元时，需要对人民币与美元的汇率进行假设（见假设 2）。在此基础上，根据历史数据，假设经常账户余额和对外负债增加额在今后 10 年各年中占 GDP 的比例（见假设 3 和假设 4）。然后，基于国际收支账户恒等式，即经常账户余额 + 对外负债增加额 = 对外资产增加额，可以得到各年相应的对外资产增加额的预测值。最后，基于历史数据，假设中国对外直接投资增加额占总对外资产增加额在今后 10 年的相应比例（见假设 5）。

假设 1：GDP 增长率。中国的"十二五"规划设定 2011～2015 年中国 GDP 的年度增长目标为 7%。2012 年中国 GDP 同比增长 7.8%，2013 年同比增长 7.7%。中国经济已经告别两位数的增长阶段，进入相对低一些的增长轨道。这里假设中国 GDP 在 2013～2017 年间实际年增长率为7%，2018～2022年间实际年增长率为6.5%。考虑通货膨胀的因素，得到2013～2017年间年名义增长率为10%，2018～2022年间年名义增长率为9%。

假设2：汇率。2008～2012年人民币兑美元汇率年均升值2.5%，考虑到汇率向均衡水平的继续回归，以及后10年中国经济增速即使有所降低但仍远高于同期美国经济增速，本文仍然假设2013～2022年人民币兑美元汇率年均升值2.5%，如表2-1所示。由此可以计算得到各年以美元计价的GDP值，预计2022年中国GDP将达到269 364.2亿美元。

假设3：经常账户余额。自1985年以来，中国的经常账户余额一直保持占GDP比例1%～3%的水平（除少数几年呈现小额赤字的情况）。直到2003年，经常账户余额开始逐年增长，随后几年，表现出较严重的外部结构失衡状态。但是自2009年开始，中国经常账户余额占GDP的比例逐年降低，在2011年回归到2.8%。在情景1中，假设中国的经常账户在2013～2022年间保持占GDP比例3%的小幅盈余。在情景2和情景3中，考虑到储蓄率的下降可能进一步减少经常账户盈余占GDP的比例，假设2018～2022年经常账户余额占GDP比例从3%逐年下降0.2%～2%。

假设4：对外负债。本章将外国在华直接投资、证券投资及其他形式的对外负债统称为中国的对外负债。近年来，外国在华直接投资的增长已经趋于稳定，且中国对私人和官方以债权形式持有的对外负债一直持谨慎态度。2008～2012年，中国对外负债增加额占比GDP的年均数值为 5.5%。情景 1 和情景 2 假设中国对外负债增加额占 GDP 的比重在未来 10 年不发生变化，保持在 5.5%。情景 3 考虑到中国进一步放开国内市场，尤其是服务业的可能性，假设中国对外负债增加额占 GDP 的比重在未来 10 年比过去 10 年高 1 个百分点，为 6.5%。

恒等式：对外资产增加额。根据国际收支账户恒等式，经常账户余额与对外负债增加额的和等于对外资产增加额。由此可以计算得到三种情景下中国 2013～2022 年间各年对外资产增加额的预测值。

假设 5：对外直接投资增加额。2008～2012 年，中国对外直接投资增加额占总对外资产增加额的比例平均值为 10.8%。情景 1 假设在 2013～2022 年间此比例在 10.8% 基础上每年上涨 1 个百分点。情景 2 和情景 3 考虑到推动企业对外直接投资的驱动力进一步加强的因素，假设此比例在 2013～2022 年间在 10.8% 的基础上每年上涨 2 个百分点。

预测结果

基于以上假设，在情景 1、2 和 3 的条件下，中国对外直接投资在今后 10 年的增量总额将分别达到 2.5 万亿、3.2 万亿和 3.6 万亿美元。

据此推算，如图 2-2 和图 2-3 所示，中国对外直接投资存量在 2022 年占 GDP 比例将最高达到 15.0%，中国对外直接投资存量在 2022 年占全球存量比率将最高达到 8.6%，远高于 2012 年的 6.3% 和

2.2%（假设全球未来 10 年对外直接投资流量的年增长率保持过去 10 年的平均增长率水平 9.2%）。

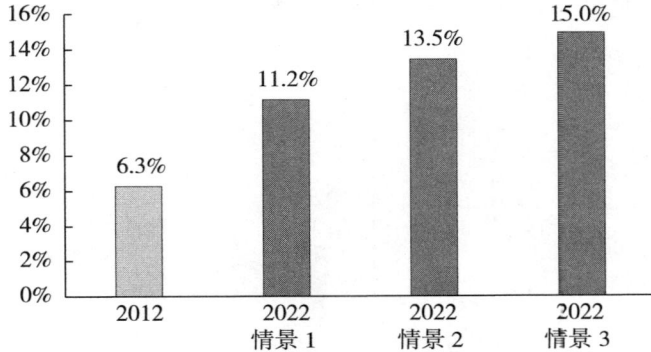

图 2 - 2　中国对外直接投资存量占 GDP 比率

资料来源：2012 年数据根据联合国贸易和发展会议数据测算，其余数据由作者测算

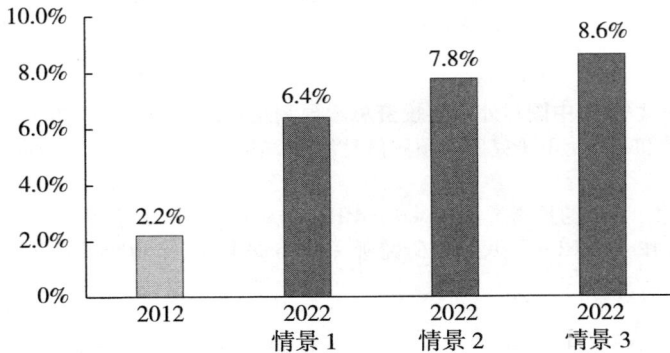

图 2 - 3　中国对外直接投资存量占全球存量比率

资料来源：2012 年数据根据联合国贸易和发展会议数据测算，其余数据由作者测算

与其他预测结果的比较

美国荣鼎咨询公司对中国对外直接投资在今后 10 年的增量总额的

预测值为 1 万～2 万亿美元；香港货币研究所（HKIMR）的预测值则高达 4.6 万亿美元。本章的三种情景的预测值均高于荣鼎的预测，同时显著低于香港货币研究所的预测（见图 2-4）。

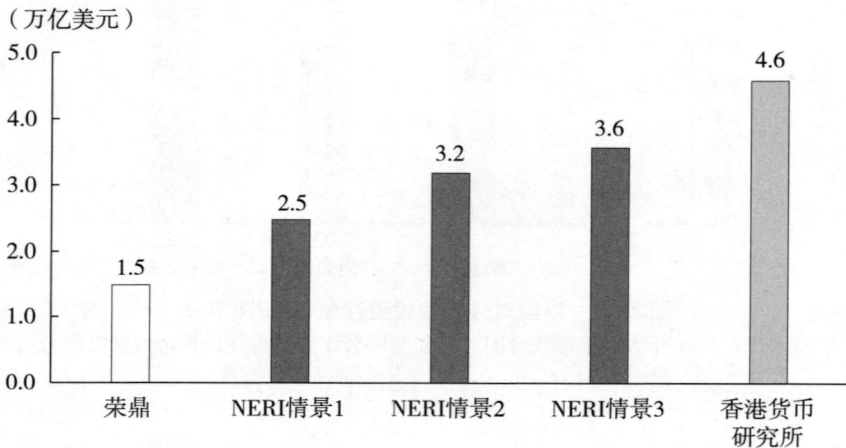

（万亿美元）

图 2-4　中国对外直接投资总量预测及对比 （2013～2020 年）

注：荣鼎和香港货币研究所的预测值是针对 2011～2020 年；本章的预测值是针对 2013～2022 年。

资料来源：荣鼎的预测来自 Rosen and Hanemann 2011，香港货币研究所的预测来自 He et al 2012，NERI 是国民经济研究所（National Economic Research Institute）的英文缩写

香港货币研究所的预测是非常乐观的假设。例如，其假设中国 GDP 在 2012～2015 年的平均增长率为 8.4%，2016～2020 年的平均增长率为 7%。另外，其预计中国资本账户在 2020 年会达到几乎完全开放的程度。

第三章

海外针对中国投资的质疑和趋紧的监管

近几年来，随着中国对外直接投资的高速增长，海外的质疑和非议接踵而至。这些质疑和非议使得针对中国投资的海外监管龙头越拧越紧，目前它们已构成中国对外投资的重要障碍之一。

美国的质疑、趋紧的监管和跨太平洋伙伴关系协议

在美国，几乎所有来自中国的主要投资项目都会被媒体、国会议员、负责国家安全的部门、相关行业的人，以及对中国持敌意的群体①

---

① "对中国持敌意的群体"是指包括媒体、学者、企业等在内的一部分人，他们的共同之处是对中国怀有敌意，虽然他们的敌意可能出于不同的原因。

进行政治化炒作（Rosen 和 Hanemann，2011）。虽然其中一些项目最终得到批准，然而中国企业的声誉在媒体的渲染中不断受到损害。

最具代表性的失败交易——2005 年中海油竞购优尼科

2005 年，中国海洋石油有限公司（以下简称"中海油"）以要约价 185 亿美元竞购美国优尼科公司（Unocal Corporation）。中海油成立于 1982 年，是中国第三大石油公司，也是中国最大的海上油气生产商。自成立以来，其凭借良好的运营、透明的公司治理、较强的盈利能力以及良好的成长性，获得国内外资本市场的广泛认可。2007 年，中海油入选《福布斯》全球 2 000 大排行榜第 395 位，在《福布斯》亚洲神奇 50 强中列第 13 位，在美国《机构投资者》杂志 2007 年度"亚洲最佳股东友好公司"评选中当选"亚洲油气行业最佳股东友好公司"，并荣获《欧洲货币》中国地区亚洲最佳石油天然气公司及亚洲地区最佳石油天然气公司第三名。①

美国优尼科公司成立于 1890 年，是美国第七大石油公司，主要业务是上游原油和天然气勘探开发。由于在勘探方面的运营没有得到回报，优尼科连年亏损，最终向美国政府申请破产，于 2005 年 1 月挂牌出售（周明剑，王震，2009）。

---

① 搜狐财经，http：//business. sohu. com/20090615/n264534409. shtml.

由于优尼科所拥有的已探明石油天然气资源约70%在亚洲和里海地区，优尼科的资源与中海油占有的市场相结合，会产生巨大经济效益。但是，中海油185亿美元的要约价，比对手雪佛龙的竞标价高出约20亿美元，遭到美国国会和公众的强烈抵制。美国加州议员Richard Pombo反对这个交易的提案以398票赞成对15票反对在美国国会获得通过。《华尔街日报》与国家广播公司的民调显示，73%的美国民众不乐见中海油并购优尼科。在美国国会施加的各种压力之下，中海油最终不得不撤回竞标。《华尔街日报》的文章评论道，在美国有些人从根本上反对和害怕中国，北京常常被置于一个双重标准下，中海油的失败就是一个鲜明的例证，这是一个耻辱。

这个2005年失败的交易之所以在今天还被人们反复提起，是因为它是一个具有很大的象征意义的典型案例。首先，迄今为止，这笔交易是中国公司历史上涉及金额最多的一笔海外并购；其次，中海油是一家在纽交所上市的中国国企，"有着持久的开放的声誉"（Hanemann和Rosen，2012）；最后，围绕这个交易的各种质疑，无论从国家安全还是贸易的角度，反映了美国人对中国的担忧和焦虑非常深。① Hufbauer et al（2006）仔细审阅了在这个交易过程中所爆发的争议，总结出反对这宗交易的人有以下五个主要观点：②

1. **囤积资源**。这个交易使全球资源处于风险之中。美国人认为，

---

① Steve Lohr. 谁担忧中国公司？. 纽约时报. 2005.7.24.

② Hufbauer, G. C., Y. Wong and K. Sheth, "The CNOOC Case", Chapter 5 in *US – China Trade Disputes：Rising Tide，Rising Stakes*. PIIE. (August 2006).

中海油有可能囤积资源只为中国所用，这样美国的国家利益因需要依靠可靠的石油和天然气供给而会受损。

2. **政府控制**。中海油的投标是中国政府试图控制关键石油和天然气供给，对它们的控制以及所带来的收益会加强中国政府的实力。

3. **优惠贷款**。中海油的投标依赖中国国有银行及其母公司的优惠贷款，这让美国公司处于不利的竞争地位。

4. **敏感技术**。中海油对优尼科的并购会帮助将敏感的技术转移到中国。

5. **对等原则**。因为中国不会让一个美国公司并购一个主要的中国石油公司，基于对等的原则，美国不应该允许这桩交易。

在之后的中国企业受阻的投资案例审查过程中，这些观点都以同样或变相方式形成舆论要点，并反复出现。

2007 年的新法案——使中国国有企业的投资愈加艰难

2007 年 3 月，美国众议院出现了罕见的团结，以 423 票对 0 票，全数通过了一项修改海外投资监管的法律草案。新草案中严格规定：凡被认为是受海外政府"控制"的企业，都要在接受美国"外国投资委员会"（CFIUS，见专栏 3－1）30 天审核后，自动启动第二阶段的45 天调查。而其他企业只有在第一阶段的 30 天审查中被认为影响重大才开始45 天的正式调查。

这一草案还拓宽了对"国家安全"的定义，除军工企业和所谓的

"双重用途科技"外，一些涉及通信、能源、交通等"特殊利益"的基础设施领域也被视为关乎"国家安全"的项目。①

2007 年 7 月，美国国会通过了这个新法案，即《外国投资与国家安全法案》（Foreign Investment and National Security Act，简称 FINSA）。此法案使中国的国有企业在美国的投资变得更难（Frye 和 Pinto，2009）。

专栏 3 - 1　美国外国投资委员会

美国外国投资委员会（Committee on Foreign Investment in the U-nited States，简称 CFIUS）是美国管理外国投资的专管部门，负责审查外国在美国投资对国家安全的影响。该委员会主席由财政部长担任，委员会成员包括美国 16 个政府部门和机构的代表。这 16 个部门中有 9 个常设机构，分别是财政部、商务部、国防部、国务院、司法部、贸易代表办公室、国土安全部、科技政策办公室、能源部。另有 5 个参与工作的部门，包括管理和预算办公室、经济顾问委员会、国家安全委员会、国家经济委员会、国土安全委员会；此外还有劳工部和国家情报局，但不享有投票权。

CFIUS 根据 1975 年福特总统第 11858 号行政命令设立，成立后权力相对有限，直至 1988 年美国国会通过《综合贸易与竞争法案》，授权美国总统可以"国家安全"为由阻止外资并购美国国内企业，并将审查并购项目责任赋予 CFIUS。2007 年通过的《外国投资

---

① 发达国家对中国对外投资不必"惧"与"拒". 新华网. 2012. 9. 27.

与国家安全法案》，要求其定期向国会提交工作报告。

CFIUS 审查范围明确限制在国家安全风险领域，侧重评估外国收购方公司背景、被收购美企业资产和客户性质，以及交易本身可能对美国国家安全造成的影响等。审查过程不考虑国家经济风险等经济因素。由于美国相关法律对"国家安全"未给出明确定义，CFIUS 在审批过程中具有一定裁量权。

CFIUS 很少展开正式全面调查，但是这个机构却有很强的威慑作用。一旦外资并购国家安全审查进入决定性阶段，并购交易的政治风险渐趋明朗，并购方往往选择放弃并购交易，以求全身而退。2002 年中国香港李嘉诚的和记黄埔公司收购美国环球电讯公司，即在审查程序尚未完成之前主动撤销了申请。

资料来源：美国外资投资委员会网站。美出台新法案严审外国投资，民营经济报，2007.9.5

2008 年 12 月，《关于外国人收购、兼并和接管的条例》生效。该条例是美国 2007 年《外国投资与国家安全法》的实施细则。条例的主要内容包括：重申对于外国人通过交易行为有可能损害美国国家安全的行为，赋予总统中断或禁止该交易的权力，授予外国投资委员会减轻该交易所导致的对美国国家安全的任何威胁的权力；赋予外国投资委员会较大的自由裁量权；界定受管辖的交易范围和不受管辖的交易范围；规定外国投资委员会的审查和调查程序；要求计划收购美国敏感资产的外国投资者提交关于以往在军队及政府部门服务的个人信息。

持续的质疑——近两年的案例

在全球金融危机的背景下，虽然美国政府不断在公开场合下做出欢迎中国对外直接投资的一些表态，例如 2012 年美国驻华大使馆举行的关于在美国投资的会议，但是中国对外直接投资被 CFIUS 审查的次数和规模都在逐年显著增加（见图 3 - 1）。

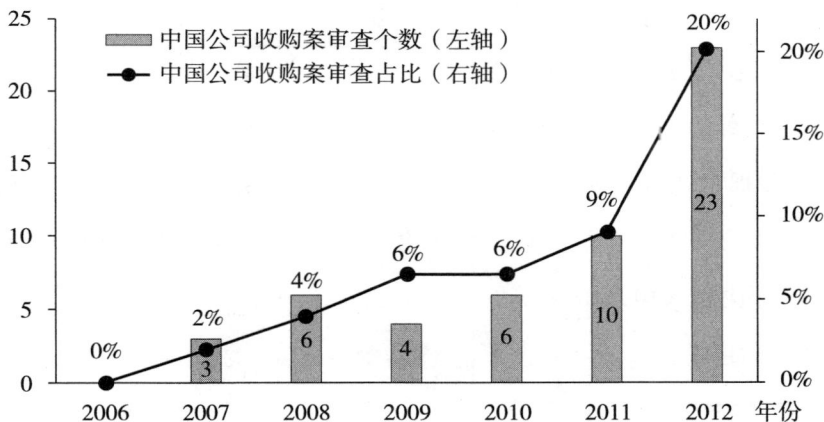

图 3 - 1　中国公司收购案受 CFIUS 的审查情况（2006～2012 年）
资料来源：美国财政部网站，美国外国投资委员会年报

根据 CFIUS 最新公布的 2012 年年报，CFIUS 对中国企业在美的收购项目的审查在 2012 年为 23 起，占 CFIUS 当年审查案总数的 20%，超过 CFIUS 对其他任何国家的企业的审查数。从图 3 - 1 可以看到，中国企业受 CFIUS 的审查数从 2010 年到 2012 年快速增长，2010 年仅有 6 起，2011 年为 10 起，2012 年猛增到 23 起。①

——————————

① 美国财政部网站，美国外国投资委员会（CFIUS）年报。

　　CFIUS 过去几年的年报显示，从 2011 年开始，CFIUS 规定了若干更为严格的审查条件。在 2011 年之前，如果被外国公司收购的美国企业有可能拿到政府保密信息，CFIUS 则需对该项目进行审查。从 2011 年开始，除了政府保密信息以外，CFIUS 增加了政府敏感信息，或政府合约信息，包括有关雇员的信息。CFIUS 给出的另一个新条件是：如果被外国公司收购的美国企业的所在地正好在某些类型的美国政府设施的附近（CFIUS 并未对"某些类型"和"附近"给出具体说明），CFIUS 则要对该项目进行审查。①

　　这个新条件很快被用在中国民营企业三一重工的身上。2012 年 7 月，CFIUS 以涉嫌威胁美国国家安全为由，停止了全球领先的工程机械制造商三一重工在美关联企业罗尔斯公司在美国俄勒冈州的风电场项目，理由是风电场靠近美军海军基地。之后，美国总统奥巴马又以同样的理由对这一项目签发了总统禁令。这是历史上第二次，也是自 1990 年以来第一次美国总统亲自对外国投资颁发如此禁令。

　　在三一重工签约并购的 4 座风电场中，美国海军曾对一处风电场表示关切，在罗尔斯公司表示愿意迁址之后，也就无事了。但是 CFIUS 把所有 4 处风电场都归入禁止之列，并要中方把所有物资在 5 天内全部撤出，还不允许将风电场和发电设备随便出让。②

　　三一重工认为其在美国的合法投资行为受到不公正待遇，企业声

---

① 美国财政部网站，美国外国投资委员会（CFIUS）年报。

② 资料来源：美国以"威胁国家安全"为由禁中国公司在美建风电场，详见 http://news.bjx.com.cn/html/20120929/392148.shtml.

誉也因此受到极大损害，无奈将 CFIUS 和奥巴马先后告上法庭，要求赔偿。在最初起诉被驳回后，三一重工提起上诉。2014 年 7 月，美国上诉法院做出判决，认定三一风电项目具有受宪法程序正义保护的财产权，奥巴马下达总统令违反程序正义，剥夺了中方的合法权益。美国政府需要向罗尔斯公司公开相关决定所依据的非保密信息，并给予中方公司在了解相关信息后回应的机会。同时，上诉法院还要求，初审法院应就罗尔斯公司对 CFIUS 各项诉求立案并进行实质审查。这意味着三一重工取得了程序上的胜诉，保证案件能够继续审理。

2012 年 8 月，万向集团在和美国锂电池生产商 A123 达成收购协议后，各种政治势力以国家安全和技术流失为由，要求政府中止此项收购。CFIUS 继而否决了万向集团的收购。2012 年 12 月，虽然万向集团在 A123 的破产拍卖环节以高价胜出，并在 2013 年最终获得 CFIUS 的批准，但是其并购之路不可谓不艰难。《福布斯》杂志 2012 年 12 月 12 日的报道称，万向集团此举是中国趁美国经济疲弱之际，利用其经济影响力收购美国公司关键技术的例证之一。包括 8 名参议员在内的政要给财政部长盖特纳、能源部长朱棣文和其他政府高官致信，称："（A123）这些资产、技术和知识产权都是通过美国纳税人的钱开发的，将其转让至外国企业是不负责任的。"①

_____

① 万向集团收购 A123 获批是馅饼还是陷阱. 财经国家新闻网. 2013. 1. 6.

2012 年 10 月，经过近一年的调查，美国国会众议院情报委员会发布一份调查报告，在没有提供任何证据的情况下，指控中国两家全球领先的民营电信设备制造商华为和中兴通讯对美国构成安全威胁，呼吁与这两家公司有业务往来的美国公司"考虑选择其他供应商"，并要求联邦政府（CFIUS）阻止两家公司在美国的并购活动。这份报告的一位作者说，"中国有手段、机会和动机去用这些通信公司为其达到恶意的目的。"① 华为和中兴都相继否认这些指控。

这份报告被广泛地认为有诸多断言但缺乏证据②，是美国投资保护主义的表现。根据路透社的报道，美国白宫曾进行了为时 18 个月的调查，调查内容专门针对华为是否曾为中国从事间谍活动。在对华为将近 1 000 个设备买家进行详细调查后，并没有找到切实的证据。一位熟悉情况的人说，"我们知道政府的有关部门非常想要华为积极从事间谍活动的证据，如果真有的话我们就会发现的。"③

2013 年 12 月，鉴于美国政府的不欢迎态度，华为宣布暂时撤离美国，转向将"专注于那些对竞争、创新和投资持欢迎态度的市场。"④

美国的态度显然影响着它的盟友。澳大利亚已禁止华为成为该国

---

① Joseph Menn，"Huawei Spying On U. S. ? Nuh Uh，White House – Ordered Review Says，According To Sources". 2012. 10. 17.

② "Australia leaves Huawei standing at the altar"，November 24th，2013 Claude Barfield，American Enterprise Institute. East Asia Forum.

③ Joseph Menn，"Huawei Spying On U. S. ? Nuh Uh，White House – Ordered Review Says，According To Sources". 2012. 10. 17.

④ "Huawei putting US on hold". China Daily. 2013. 12. 5.

国家宽带网络项目的承包商；加拿大公开表示，华为将不得投标帮助建设其国家安全网络。①

2013 年 2 月，中海油对加拿大尼克森（Nexen）石油公司（其10%资产在美国）150 亿美元的收购虽然得到该委员会的最终批准，但是 CFIUS 附加了新的极为苛刻的条件，即中海油必须放弃尼克森公司在美国墨西哥湾油井的经营权。② 这些油田的蕴藏量总共大约有 2.5亿桶，是墨西哥湾蕴藏量最丰富的油田之一。美国的理由是，这些油田过于接近美国的军事设施。中海油对这个造成其重大损失的条件衡量再三，为了避免功亏一篑，最终同意了这个条件。③

2013 年 6 月，CFIUS 又以国家安全为由，要求中国公司控股的普康资源公司（Procon Resources Inc.）从其已取得控股权的林肯矿业公司（Lincoln Mining Corporation）撤资，后者是一家加拿大公司，在美国有子公司。CFIUS 对林肯矿业公司位于内华达州法伦的美国海军航空站（NAS）的附近表示担心。

2013 年 7 月，中信证券宣布完成收购里昂证券。④ 这和它 2012 年

---

① Joseph Menn, "Huawei Spying On U. S. ? Nuh Uh, White House – Ordered Review Says, According To Sources". 2012. 10. 17.

② "China Commerce Minister seeks clearer U. S. investment guide," Lucy Hornby, 2013. 3. 8. Reuters.

③ 中海油并购加拿大尼克森 美国：不准进墨西哥湾, www. sinonet. org, 2013. 3. 2.

④ 里昂证券（CLSA Asia – Pacific Markets，全称为里昂证券有限公司）于 1986年创办，总部设于香港。里昂证券最大的单一股东原本为法国的里昂集团（Credit Lyonnais），其后里昂证券的控股权由主要员工持有。

7月宣布批准其子公司中信证券国际收购里昂证券100%的股权相隔整整一年的时间。拖延的主要原因是美国政府阻挠中信证券收购里昂证券在美国的子公司，理由是中信证券的大股东是中信集团，而中信集团的股东是财政部，美国政府不希望一家美国的公司被中国的财政部去控股。这个本来应当顺理成章的"子收购"在2013年第五轮中美战略与经济对话中经过汪洋副总理的亲自过问才得以获批。①

2013年9月，虽然中国民营企业双汇国际以71亿美元对美国食品公司史密斯菲尔德（Smithfield）的收购最终成功，但是这桩交易也受到美国国会、各种利益集团以及媒体对从国家安全到食品安全等各方面的种种质疑；美国参议院农业委员会还为此项投资专门举行了听证会。这个投资经过了长达75天的周折才获批准。

针对中国的多边贸易投资协议

跨太平洋伙伴关系协议（TPP）谈判和跨大西洋贸易与投资伙伴关系协议（TTIP）谈判是目前正在进行着的，由美国参与主导的，不包括中国在内的两个自贸区谈判，都有"反对政府的影响和控制，防止国有企业扰乱竞争秩序"的条款列在其中（王梅，2013）。（详见专栏3-2）

---

① 国有企业在践行中国梦中的重要使命．经济导刊．2014（3）．

专栏 3-2　跨太平洋伙伴关系协议和跨大西洋贸易与投资伙伴关系协议

跨太平洋伙伴关系协议（TPP）*

2004 年，亚太经合组织工商咨询理事会提出了建立"亚太自由贸易区"的构想。2005 年 7 月 28 日，文莱、智利、新西兰、新加坡四国签订了"跨太平洋战略经济伙伴关系协议"，此即"跨太平洋伙伴关系协议"的前身。该协议采取开放的态度，欢迎任何 APEC 成员参与，非 APEC 成员也可以参与。

鉴于中国的崛起，美国开始积极筹谋重新掌控亚太地区。2008 年，美国高调宣布加入 TPP 谈判，逐步参与并主导规则制定，强调要在环境、劳工标准和国内市场竞争等方面着手推进。目前决定加入 TPP 谈判的有澳大利亚、文莱、智利、美国、马来西亚、新西兰、秘鲁、新加坡、越南、墨西哥、加拿大、日本和韩国共 13 个成员。这些国家的经济总量大约占全球 40%，贸易总量大约占 1/3。

由于美国的介入，TPP 比 WTO 标准更高，不仅包括关税减免，更重要的是消除非关税贸易壁垒，包括相互开放金融业，政府采购，统一食品安全标准，药品监管认证，专利申请与认证，以及对有关劳动条件、国有企业、环境保护等提出了更高要求。

跨大西洋贸易与投资伙伴关系协议（TTIP）**

欧盟和美国在 2013 年 7 月启动了"跨大西洋贸易与投资伙伴关系协议"谈判，希望通过该协议削减两大经济体间的关税与非关税壁垒，协调一系列行业规范，扩大两地相互贸易和投资，在两年之内建成欧美自由贸易区。

欧美约占世界国内生产总值的一半，世界贸易额的 1/3。这个协议如果达成，将成为史上最大的自由贸易协议，会改变世界贸易规则、产业行业标准，挑战新兴国家，尤其是金砖国家间的准贸易联盟。

*资料来源：王玉清，积极应对美国主导的亚太区域一体化，开放导报，2013 年 10 月，第 5 期，总第 170 期

**资料来源：陈雨，欧美自贸区启动首轮谈判，专家称中国需积极应对，国际在线，2013 年 7 月 9 日

无论何时达成协议，这两个协议都将对世界贸易投资和中国经济产生深刻影响。它们将对 WTO 的多边贸易体制构成严重挑战，导致中国虽然是世界第二大经济体，却被边缘化的局面。① 这两个协议的精神，在 2011 年 5 月美国副国务卿罗伯特·霍马茨发表的题为"保证全球竞争的合理基础：竞争中立"的文章中已明确体现出来。他写道，"一些国家在实行和西方不同的模式——国家资本主义。"在这个模式下，"国有企业和国家支持的企业或者'国家龙头企业'正在逐渐成为颇具实力的全球竞争者……在几个案例中，国有和国家支持的企业获得了国内和国际市场的份额，主要是由于它们得到了金融支持、税收优惠、监管优惠和豁免等，而它们的私人竞争对手通常却得不到这些优惠"。

---

① TPP 与 TTIP：美国意欲何为 . 光明网 . 2013. 4. 28.

为了应对所谓"国家资本主义"的挑战，美国正试图与经合组织建立"竞争中立框架"（见专栏3-3），这个框架的目的是迫使中国的国有企业不再出于与政府的各种联系而具备特殊的竞争优势。另外，霍马茨写道，"跨太平洋伙伴关系协议将会是一个高标准的、21世纪的地区自由贸易协议……这个协议也将会为其他协议制定一个高的标准。正因为如此，我们认为它是一个重要的机会来把（应对）国有企业的问题向前推进。"

专栏3-3　竞争中立

竞争中立概念的提出最初是考虑到在一个经济体内，国有企业和非国有企业可能会在不公平的条件下竞争，因此希望通过建立相关的经济法规，保证国有企业和非国有企业之间能够进行公平竞争。

经济合作与发展组织（OECD）从2009年开始研究和制定竞争中立的概念和实施法规。在其2012年报告中，OECD认为，当经济市场中没有经营实体享有过度的竞争优势或竞争劣势时，就达到了竞争中立状态。其中，"经济市场"指的是国有企业和私有企业可以同时进入，或者在现有的规则下可能同时进入的市场。但是在经济市场中，应充分考虑到潜在的竞争实体，当经济市场中的在位者享有过度的在位者优势，使得潜在竞争者无法进入时，应当被认为是对"竞争中立"的偏离。另外，"经营实体"包括国有企业、其他政府商业活动，或者深受政府影响的私有企业（例如特别许可企业、政府参股企业等）。最后，报告认为，某些国有企业的竞争优势可能来自政府对其所承担社会责任的补偿，只要补偿不是过度的，就不认为是对"竞争中立"的偏离。

2011年以来，美国政府积极在OECD、联合国贸易和发展组织等国际机构中宣传有关"竞争中立"概念，试图在国际贸易和投资协议中加入有关限制国有企业竞争优势的条款。美国副国务卿罗伯特·霍马茨（Robert D. Hormats）认为，金融危机以来，越来越多的国有企业和主权基金进入了国际市场，由于其背后的政府支持，这些企业逐渐在美国市场和第三国市场获得了竞争优势，使得美国没有政府支持的企业陷入了竞争劣势。霍马茨将这种政府支持的竞争模式称为"国家资本主义"，并认为中国是当今最为成功的"国家资本主义"践行者。为应对挑战，美国应该推行"竞争中立"的法规，并将所有与政府有联系的市场商业活动都纳入竞争中立的适用范围内。

资料来源：2012年OECD竞争中立报告，"Competitive Neutrality：Maintaining a level playing field between public and private business"，2012年8月30日，OECD网站。http：//www.oecd.org/competition/competitiveneutralitymaintainingalevelplayingfield-betweenpublicandprivatebusiness.htm

Robert D. Hormats，"Ensuring a Sound Basis for Global Competition：Competitive Neutrality"，美国国务院官网，2011年5月6日。http：//blogs.state.gov/stories/2011/05/06/ensuring-sound-basis-global-competition-competitive-neutrality

唐宜红，姚曦．竞争中立：国际市场新规则．国际贸易．2013（3）

赵学清，温寒．欧美竞争中立政策对我国国有企业影响研究．河北法学．2013（1）

中国前商务部长陈德明表示，中国想到美国投资的每 3 元钱中，只有 1 元钱被批准。① 也就是说，除了公开被拒的中国对外直接投资外，还有很多中国项目在投资前与美国监管机构通气时就已经被拒。因为中国企业的投资总是有被长期审查并且最终被拒的风险，使得中国企业不得不以比对手高得多的价格投标，以让卖家企业觉得为了等待中国企业的审查结果所付出的时间和不确定性的成本是值得的。

加拿大的质疑和趋紧的监管

加拿大是一个矿产资源丰富的国家，一些主要资源的储量均居世界前茅。石油、钾盐、铀、铜、铁、金刚石、镍等矿产正是中国所紧缺的。会计师事务所毕马威的数据显示，2012 年中国成为加拿大第一大海外投资来源国，在加拿大投资总额达到 213 亿美元。

五矿竞购诺兰达失败

2004 年，中国五矿集团（China Minmetals）宣布参与竞购加拿大诺兰达公司（Noranda）。中国五矿是当时中国第一大五金矿产品贸易公司，诺兰达是当时全球第九大铜生产商，第三大镍、锌精矿生产商。

---

① "China Commerce Minister seeks clearer U. S. investment guide," Lucy Hornby, 2013. 3. 8. Reuters.

经过竞标，五矿最终提出以 42 亿美元收购诺兰达 100% 股权。这一方案击败了包括巴西淡水河谷、南非英美资源集团（Anglo American）等在内的世界矿业巨头，五矿获得与诺兰达独家谈判的权利。①

但是这个竞购的决定在加拿大政界的各个方面引发了众多的质疑和反对。加拿大媒体用了整整两周时间讨论中国威胁论，反对人数之多令诺兰达惊讶。② 这些质疑包括对资源安全的担忧和外国政府控制的企业是否应被允许拥有加拿大的资产。③ 诺兰达投资部副主席兼公司发言人说，"事情绝对被政治化了。诺兰达是商业机构，我们不是政治组织。"④

最后，这个中国到当时为止最大的一单海外竞购项目以失败告终。⑤

逐渐拧紧的监管阀门

加拿大管理外资的主要法律依据是于 1985 年 6 月设立的《加拿大投资法》。根据《加拿大投资法》的规定，外国投资者在加拿大投资建立新企业，均需履行备案程序。外国投资者收购加拿大企业控制权，

① 收购者来自中国 . 财经 . 2009（5）.
② 中国五矿加拿大受阻内情 收购吓住加拿大人 . 第一财经 . 2004. 11. 16.
③ "Should Canada Update Its Foreign Investment Rules?"，The Conference Board of Canada. November 2004 Executive Action Report by Tony Keller.
④ 中国五矿加拿大受阻内情 收购吓住加拿大人 . 第一财经 . 2004. 11. 16.
⑤ 中国监管部门对这个投资项目的不认可也是造成此项交易失败的一个原因。
详见：收购者来自中国 . 财经 . 2009（5）.

区分不同情况，应当履行审查或备案程序。①

需经过政府审核的投资交易需要向工业部提交申请，工业部长将在75天内做出批准或不批准的审核。审核依据是此项投资是否给加拿大带来"净收益"（net benefit），包括：（1）外国投资者在加的雇员计划；（2）投资者对加经理和董事会的计划；（3）投资对加生产率、技术发展和创新方面的影响；（4）投资对加国内竞争的影响；（5）与加联邦和省级经济以及文化政策的兼容情况；（6）投资对加在全球经济中竞争力的影响。国家安全不是审核的依据。

在中国五矿竞购诺兰达公司引起的争议中，讨论的一个焦点是是否应当在《加拿大投资法》中纳入国家安全的考量。

2005年7月，加拿大政府出台了《加拿大投资法》的修正案，对可能影响加拿大国家安全的外国投资设立了审查机制。加拿大政府表示，此法案的出台主要是针对中国公司在加拿大的并购行为，并作为对中国并购诺兰达公司的官方回应。至此，加拿大政府将《加拿大投资法》制定的目标扩展为保护国家安全。②

2005～2007年，中国购买了一些加拿大企业的股份和资产。包括：2005年5月，中海油支付1.5亿加元收购加拿大MEG能源公司16.69%的股权；2005年5月，中化集团下属的中加石油公司与加拿

---

① 加拿大政府每年对WTO成员国直接投资的审核门槛进行调整，在每年1月决定并公布当年的审核门槛。在2013年，如果并购加拿大公司所涉金额在3.44亿加元以上的，需要经过加拿大政府审核。

② 张文联．发达国家产业安全的保护之路．中国对外投资．2006.10.18.

大西年科能源公司合作开发北极之光油砂项目，中方出资 1.5 亿加元获得 40% 的合伙企业股份；2005 年 9 月，中国石油天然气集团出资 14.2 亿美元收购总部位于加拿大艾伯塔省卡尔加里的加拿大能源公司在厄瓜多尔的全部油气及管线资产；2006 年 12 月，中信集团出资 19.1 亿美元收购加拿大内森斯能源有限公司在哈萨克斯坦的全部油气资产；2007 年 6 月，中国铝业出资 8.6 亿美元收购加拿大秘鲁铜业公司 91% 的股份。在这 5 个项目中，3 个都是小于 10 亿美元的小项目。

2007 年 12 月，加拿大颁布《加拿大投资法》"相关指引"，就外国国有企业对加投资审查做出了新的规定，进一步拧紧审查的阀门。除了"净利益"的考量外，该"相关指引"还强调要审查外国政府在国有企业中直接或间接所占股权、控制方式；国有企业的公司治理、商业定位和报告责任结构。"相关指引"还鼓励国有企业在并购规划中任命加籍独立董事、雇佣加籍高层管理人员、在加注册、在加证券交易所上市等。[①] 在本质上，该"相关指引"使国有企业比非国有企业受到更严格的审查。[②]

2008 年全球金融危机暂时改变了加拿大政府的立场。期间加拿大

---

① 加拿大对外国投资合作的法规和政策，商务部。

② The National Security Review & State – owned Enterprise（"SOE"）Review Regimes under the Investment Canada Act. http：//www. ipvancouverblog. com/2010/08/the – national – security – review – state – owned – enterprise – soe – review – regimes – under – the – investment – canada – act/.

政府和矿业界都对中国企业伸出了"橄榄枝"。2009 年 4 月，在中国商务部、中国贸促会共同主办的第三届中国跨国投资研讨会上，来自加拿大安大略省、萨斯喀彻温省的投资代表都用了较长时间向中国企业介绍加拿大的矿业、能源投资机会，并开出了优惠的政策条件。加拿大驻华使馆高级贸易专员、商务参赞卞世仁说："我们期待中国企业投资加拿大。"

　　2009 年，中石化曾从道达尔购得加拿大"北方之光"油砂项目 10% 股权，使其总体持股达到 50%。2010 年，中石化又以 46 亿美元收购 Syncrude 油砂项目 9% 股权。同年，中石油收购加拿大阿萨巴斯卡油砂公司两个油砂项目 60% 的开采权益，协议最终交易价为 19 亿加元。美国对华经济与安全审核委员会主席凯洛琳·巴塞洛缪曾表示，中石油是由中国政府控制的公司，希望加拿大政府对此次投资行为进行审核，包括国家安全方面的审核。凯洛琳·巴塞洛缪强调，中石油此次投资行为不仅应该引起加拿大政府的关注，也会引起美国的关注。[1] 按照加拿大新的投资法的要求，中石油在投资协议中允许加拿大人参与管理，保证就业和在加拿大的资本支出。[2]

---

　　[1]　中石油看上加拿大油砂　美国忽然表态要加政府严加审查. 凤凰网财经. 2009 年 9 月 7 日.

　　[2]　The National Security Review & State‑owned Enterprise（"SOE"）Review Regimes under the Investment Canada Act. http：//www. ipvancouverblog. com/2010/08/the‑national‑security‑review‑state‑owned‑enterprise‑soe‑review‑regimes‑under‑the‑investment‑canada‑act/.

2009 年，加拿大议会通过了对《加拿大投资法》自 1985 年生效以来最广泛的修正。其中最大的改变是增加了对国家安全审查的程序。当工业部长认为某个投资对加拿大的国家安全造成损害时，就可以启动这个特别审查程序。国家安全审查的范围包括所有外国投资项目，没有最低数额标准。①

2012 年 7 月，中海油宣布拟以 151 亿美元现金收购加拿大油气公司尼克森的计划之后，② 引发了一场加拿大全国性大辩论。不仅加拿大在野党对哈珀（Stephen Harper）政府发起攻击，就连执政党保守党内部也出现了反对的声音。其中反对的焦点主要集中在是否允许中国的国有公司收购加拿大的油砂资源，加拿大的国家安全是否受到威胁，中国在劳工权益保障上的不良记录，中国国有企业的业绩从长期来看会不尽如人意，以及加拿大企业希望中国提供对等的投资机会等。③④⑤

加拿大工业部 2012 年 8 月底启动对这项收购案的审批程序，但随

---

① "Canada's New National Security Review of Foreign Investments under the Investment Canada Act" J. Anthony VanDuzer. http：//www. ccil – ccdi. ca/revue – review/2011/11/25/ canadas – new – national – security – review – of – foreign – investments. html.

② 中海油还将承担尼克森 43 亿美元债务，收购总价高达 194 亿美元。

③ "中海油收购尼克森公司"，一财网，2012. 12. 8. http：//www. yicai. com/news/ 2012/12/2316842. html.

④ "Who is afraid of China Inc.，and why?" Yuen Pau Woo. Aug 3，2012. Asia Pacific Foundation of Canada. http：//www. asiapacific. ca/editorials/presidents – view/37534.

⑤ 中海油购尼克森美国增条件．大公报．2013. 3. 3.

后两度延长期限，直到 2012 年 12 月才通过审批。① 在宣布批准这个中国迄今为止最大的海外并购项目的同时，加拿大总理哈珀宣称，这一批准决定并不是加拿大对外国国有企业收购加拿大能源资源趋势的开启大门，而是这一趋势的结束。②

与此同时，加拿大政府出台了针对外国国有企业投资的新的规定，提出了更高的审核要求。根据新规定，加拿大政府今后将从三方面对外国企业收购进行严格审查：第一，外国国企对所收购的加拿大企业的影响或控制程度；第二，外国国企对所收购的加拿大企业所在行业的影响或控制程度；第三，外国政府对收购加拿大企业的国企的影响或控制程度。

此外，在新规定之下，加拿大政府将只有在"特例的情况"下才予以批准外国国企对加拿大油砂资产的收购案。新规定改变了加拿大政府在油气领域对外资较为开放的政策，同时也偏离了之前劝说中国和亚洲其他国家投资加拿大资源领域的做法。

2012 年 10 月，在美国政策的影响下，加拿大政府强烈暗示，鉴于可能的安全风险，它将禁止华为参与竞标政府通信网络项目的建设。③

---

① 　CFIUS 的审批时间也比预期的要长，在第一阶段 75 天审批期结束后，CFIUS 曾要求中海油撤回并重新提交审批材料，直到 2013 年 2 月，中海油才最终拿到 CFIUS 的批准令。

② 　加拿大政府批准中海油收购尼克森．人民网．2012.12.8.

③ 　"Canada vaguely hints it'll block Huawei from government projects, cites security concerns" Daniel Cooper. http：//www. engadget. com/2012/10/10/canada – huawei – block – hint/.

2013 年 8 月，加拿大手机生产商，曾经的移动通讯王者，黑莓公司挂牌出售。中国 PC 和智能手机制造商联想集团积极考虑全部收购黑莓公司，并与黑莓签订了保密协议，可以开始查阅黑莓账目。2013 年 11 月，联想拟全盘收购黑莓的计划被加拿大政府否决。加拿大官员十分明确地表示，任何来自中国企业对黑莓公司的竞购最终都会被以国家安全问题为由而否决。

加拿大亚洲太平洋基金在 2012 年的全国调查中发现，只有 16% 的加拿大人认可中国的国有企业获取加拿大公司的控股权，超过 70% 的人反对。[①]

欧盟将国有企业视为一致行动人

随着中国在欧盟国家投资的快速增长，人们对中国投资的态度也不时表现出猜测和怀疑（Hanemann 和 Rosen，2012）。

一个典型的案例是 2010 年 12 月中国天津鑫茂科技投资集团对荷兰电缆商德拉克公司（Draka）价值 10 亿欧元的要约收购。这一收购导致欧盟的工业大臣 Antonio Tajani 提议要有一个在欧盟层面的对外国投资的审查，以保护欧洲的知识和技术不被中国对外投资者获得。他后来又给欧盟主席 Barroso 写信，强调建立一个泛欧盟的投资审查机

---

① "Who is afraid of China Inc. , and why?" Yuen Pau Woo. Aug 3，2012. Asia Pacific Foundation of Canada. http：//www. asiapacific. ca/editorials/presidents – view/37534.

制。"我们一定要弄清楚（中国对外投资）不是其他意图的工具，比
如把我们的技术拿到海外……"欧洲议会对他的疑虑也表示赞同，提
议建立一个"负责对外国战略投资的事前的审查机构"（Hanemann 和
Rosen，2012）。最后，鑫茂的收购以失败告终。

欧盟对外国投资的监管政策

根据《欧洲共同体条约》的规定，欧盟的投资政策决定权由各成
员国自行掌握，在不违背有关条约和欧盟法律的前提下，各成员国可
根据情况制定各自的投资管理政策。目前，欧盟委员会没有专门的投
资和外国投资主管部门，相关职能仍在各成员国。

欧盟负责审查并购的机关为欧盟委员会竞争总司。竞争总司与欧
盟各成员国竞争主管机关的审查权的划分主要取决于相关并购是否
"具有欧盟影响"。2004 年，欧盟通过《关于控制企业集中的第 139/
2004 号理事会条例》（简称《欧共体并购条例》），制定了新的企业合
并审查的程序规范和实体标准。如果参与并购的企业在世界范围内年
销售额共同达到 50 亿欧元，并且参与并购的企业中至少有两个企业在
欧盟的年销售额达到 2.5 亿欧元；同时，参与并购的各企业在欧盟市
场年销售额的 2/3 以上不是来自一个和同一个成员国，则需报请欧盟
委员会竞争总司进行反垄断审查。

《欧盟竞争法》的主要目的是禁止不正当竞争，保证企业的并购
活动不会获得强大的市场权力（包括定价权），以至于伤害消费者的

利益。《欧盟竞争法》主要涉及卡特尔组织、垄断、企业兼并、国家补助四个方面。欧盟委员会可根据并购是否与欧盟市场相容（即是否会严重阻碍欧盟的有效竞争），做出无条件批准、有条件批准或禁止并购的决定。

欧盟委员会视中国央企为一致行动人

值得注意的是，从 2011 年开始，欧盟委员会在审查并购案交易时，将属于中国政府，尤其是国资委的企业视为同一集团下的一致行动人，并据此计算它们的联合市场份额，以确定被审查的并购活动是否构成垄断。

这一问题首先在中国化工集团子公司中国蓝星股份有限公司收购挪威的 Elkem 公司案中被提出。这一交易于 2011 年 2 月 24 日向欧盟委员会申报。欧盟委员会详细调查了中国蓝星与中国化工集团在何种程度上能独立于同领域其他国有企业做出商业决定，以及相关行业内国有企业之间是否有其他形式的合作。最终欧盟委员会就该问题没有得出确切结论，因为即使相关市场上中国化工集团和其他所有国有企业被视为同一经济实体，其市场份额依然很小，不会影响市场竞争。

同年，在中国化工集团公司的另一家子公司中国化工农化总公司（中农化）与 Koor Industries（Koor）对 Makhteshim Agan Industries（MAI）的股份收购案中，欧盟委员会以最坏的情形为分析的出发点，即将中农化、Koor 和 MAI 同所有中国国有企业的横向与纵向交集都考虑进来，假设它们与中国化工集团公司和中农化同属一个单独的经济实体，并据此计算市场份额及其对市场的影响。2012 年，在 Mercuria/中石化案中，欧盟委员会再次采用最坏的情形分析，将相同市场内所有中国国有企业的市场份额都考虑在内。

2013 年 7 月，在与美国的双边投资贸易谈判中，欧盟委员会似乎急切地希望讨论政府给国有企业的补助和其他优惠措施可能对竞争造成的损害，以及针对国有企业的透明度所应采取的普遍适用的标准。这些标准包括公开所有权关系、决策结构、与其他企业的关联关系、政府的财政支持，以及类似豁免和免税的监管优势。在欧盟委员会看来，增加透明度是确定中国政府对相关国有企业干涉程度的方法之一。欧盟委员会的最终目的在于建立综合全面的标准，管理政府对私有企业和公共企业的干涉控制。

澳大利亚的疑虑和趋紧的监管

中国在澳大利亚的投资有两个主要特点：一个是主要集中在资源行业，大约占对其总投资的 80%；另一个是国有企业的投资占到中国在澳大利亚总投资的 95% 以上。澳大利亚对中国对外投资的疑虑主要反映在政治层面，一方面担心中国会囤积澳大利亚的资源，另一方面担心中国的大型国有企业会被用作中国的国家政策工具而对澳大利亚造成安全威胁（Drysdale，2011）。随着中国在澳大利亚的投资增多，这些疑虑在澳大利亚对外国投资监管制度的不断严格的趋势上反映出来。

澳大利亚外国投资审查制度

在澳大利亚,《1975 年外国收购与兼并法》为其审批制度提供了法律框架。根据此法,国库部长(Treasurer)或其代表负责审查投资提案。审批的核心标准是"国家利益"。国库部长可以拒批有违国家利益的提案,也可以对提案的实施方式施加一定的条件,以确保提案不违反国家利益。国库部长依靠外国投资审查委员会(FIRB)的建议来做出此类决定。

外国人在收购澳大利亚企业或商业资产价值超过 15% 或其价值超过 2.48 亿澳元时,① 必须事前知会澳大利亚政府。

对于来自外国国有企业和主权财富基金的投资,不论其投资规模大小,以及投资对象的资产规模大小,一律需要经过澳大利亚政府的事先审批方能实现。

中铝收购力拓和《与外国政府有关的外资来澳投资审查指南》

2008 年 2 月,为了阻止世界第一大矿业公司必和必拓对第三大矿业公司力拓的全面收购,中铝通过其子公司 Shining Prospect 在伦敦股市收市后的几个小时内于场外市场购入大量力拓英国股份,加上此前

----

① 这是 2013 年的限额。限额在每年 1 月 1 日根据指数修改。

中铝在新加坡市场购得的力拓英国少量股份，中铝共以 140.5 亿美元收购了力拓英国 12% 的股权，相当于力拓集团全部股权的 9.3% 左右。这是一次非常成功的"拂晓突袭"。

中铝交易后立即向 FIRB 做了通报。2008 年 8 月，澳大利亚 FIRB 批准中铝可以最多购买力拓英国 14.99% 的股份，相当于整个力拓集团约 11% 的股份。此批准的条件是：如果中铝购买力拓比这更多的股份，必须事先获 FIRB 批准；只要中铝在力拓英国中持股在 15% 以下，中铝不能向力拓要求董事会席位。

澳大利亚政府于 2008 年 2 月，也就是中铝"拂晓突袭"力拓后，立即颁布了《与外国政府有关的外资来澳投资审查指南》，提出在审查与外国政府有关的资本赴澳投资时需额外考虑六项因素，以确保这些投资符合澳大利亚的国家利益：

（1）投资者的运作是否独立于外国政府，投资者的治理结构安排（包括融资安排）是否使得外国政府可以实际或暗中控制投资者。

（2）投资者是否遵循法律原则和通行的商业行为准则。

（3）该项投资是否会抑制市场竞争，或可能在拟投资的相关领域导致不合理的集中或控制。

（4）该项投资是否影响澳大利亚政府的税收或其他政策的制定。

（5）该项投资是否影响澳大利亚的国家安全。

（6）该项投资是否影响被投资的澳大利亚商业实体的运作和方

向，以及其对澳大利亚经济和社会的贡献度。

其中第一项被广泛认为是针对中国的国有企业的。在澳大利亚外资审查委员会发布的"对商业收购的详细说明"（Further Information for Business Acquisitions）中，对关于国有企业的原则的说明表示其重点是审查涉及外国政府和相关实体的投资是否出于商业动机，这类投资者是否追求有悖于澳大利亚国家利益的广义上的政治或战略性目的。

《2010 外国收购与兼并修正法案》

2009 年 2 月，中铝和力拓宣布了它们达成的新的战略合作协议：中铝将向力拓投资 195 亿美元，其中约 72 亿美元将用于认购力拓的可转换债券。可转换债券完全转股后，中铝在力拓集团的整体持股比例将由原来的 9.3% 增至约 18%。这个新的投资协议立刻在澳大利亚引起巨大震动。

就在协议公布的当天，澳大利亚的外国投资审查委员会立刻宣布将会建议国会修改相关法律，明确外资采用可转债形式所做的投资也必须获得批准。这个修改法案，即《2010 外国收购与兼并修正法案》，于 2010 年 2 月获批，但从 2009 年宣布时即刻生效。

澳大利亚的一些反对党议员和公众都公开表示强烈反对这项投资。澳大利亚议员声称，中铝是中国国有企业，中铝收购成功意味着"中国政府对澳大利亚资源的占有"。路透社的一项民意调查也显示，超过半数的澳大利亚人认为，应该抵制中国收购澳大利亚的矿业资产

（周明剑等，2009）。

2009 年 3 月，澳大利亚外国投资审查委员会宣布，将延长审查中铝注资力拓方案的时间，在原定 30 天基础上，再增加 90 天。2009 年 6 月，这笔交易由于政治和经济上的错综复杂的原因而宣告失败。

同样，2009 年，中国五矿集团公司通过下属的五矿有色金属股份有限公司拟收购澳大利亚 OZ Minerals 公司时，就因为澳大利亚国防部的干涉而被审批部门以事关国家安全为由，要求五矿从原定的全面收购目录中剥离位于南澳大利亚伍默拉（Woomera）军事禁区附近的资产。这导致五矿被迫放弃了 OZ 矿业最优质的核心资产之一 Prominent Hill 铜金矿。2009 年 7 月，中国有色矿业集团有限公司对澳大利亚的 LYNAS 公司总值 5.05 亿美元的收购计划也因最终未能通过澳大利亚政府的审批而中途搁浅。

2010 年 6 月，澳大利亚外资审查委员会进一步对"与外国政府有关的政策"做出解释，外国政府或外国政府控制的实体在投资主体中占股超过 15%，即被视为与外国政府有关的投资。

2012 年 3 月，澳大利亚政府宣布，出于国家安全的考虑，禁止华为参与澳大利亚 380 亿美元的全国宽带网络（NBN）项目。该项目旨在通过光纤连接 93% 的澳大利亚家庭和企业网络。2013 年 10 月，新一届澳大利亚政府宣布依然禁止华为竞标该国的全国宽带网络项目，尽管在竞选期间，他们曾承诺会取消以前的禁止决定。正如前面提到的，澳大利亚政府的决定与美国国会众议院情报委员会指控华为对美国造成威胁的报告有关系。华为澳大利亚公司董事会主席约翰·劳德认为，美国的这份报告并非出于安全考虑，其实质是"保护主义"。①

澳大利亚中国总商会会长、中国银行澳大利亚地区总经理兼总代表胡善君评论道，澳政府对于中国对外投资者的不公平待遇，对中国企业存有的疑心，是目前中国在澳投资所遇到的最大障碍。②

对中国企业社会责任实践的非议

在中国对外直接投资在海外引起的争议中，一个持续的批评的声音是针对中国企业在海外投资后的企业社会责任实践的。

例如，在2012年11月至2013年5月间，毕马威调查到有20篇由境外媒体或机构发布的报道或调研报告是针对中国企业海外履行企业社会责任情况的，共涉及79个案例，其中，负面案例为57个，占总数的72.2%，正面案例为22个，占总数的27.8%。也就是说，海外的负面报道远远超过了正面报道。

在负面案例中，被提及最多的是环境影响（23.5%）、社区影响和经济发展（16.3%）、绿色信贷（11.2%）、劳资关系（9.2%）、环境评估（8.2%）以及工作环境（8.2%）。无论这些报道和研究是否客观公正，现实是他们不仅为中国企业投资定了性，同时也会影响政府对投资项目的审查（毕马威，2013）。

---

① 澳新政府继续禁止华为参加宽带网络竞标.新华网.2013.10.29.
② 中国企业赴澳投资需有"三心".经济参考报.2013.11.18.

第二部分

中国对外直接投资的动机

CHINA OVERSEAS
INVESTMENT

海外对中国对外投资动机的质疑广泛存在，我们在上一章已有所讨论。Rosen 和 Hanemann（2011）也指出，"包括华盛顿的政府官员在内的很多美国人认为，由于中国有很多国有企业，市场的力量和对利润的追求在中国不见得存在。因此，他们怀疑如果一个中国企业到美国来，它一定是出于政治的原因而不单纯是为了挣钱。然而，要把'中国虽然存在国家集权和中央计划，但是中国企业通常把自己的利益和追求利润放在第一位'这件事说清楚，不是一件容易的事。所有支持和受益于中国在美投资的人，都需要通过共同努力来证明中国企业的市场导向和需求……经济学家和政策分析师必须加倍努力，以使美国的领导人和公众更加了解中国。"

这一部分首先通过现有理论来说明中国对外直接投资的动机；然后通过对全球化、宏观因素和微观动因的讨论来说明中国的对外直接投资和其他新兴国家的对外直接投资一样，是商业利益驱动的，是纯粹的商业行为。

第四章

中国对外直接投资的动机符合现有理论

虽然中国对外直接投资近些年才开始引人注目，但是发展中国家的对外投资已经持续增长了 30 年。发展中国家对外直接投资占全球对外直接投资的比例，从 20 世纪 80 年代的 6.0% 增长到 90 年代的 11.9%，2000 年又增长到 16.3%。根据联合国贸易和发展会议《2013 世界投资报告》，发展中国家 2012 年对外直接投资流量达到 4 260 亿美元，占世界总量的 31%（见图 4 - 1）。①

随着发展中国家对外投资的增长，关于发展中国家对外投资的动机的理论也在不断发展和完善。本章将选择性地对相关的主要理论进

---

① 这里的数字包括发展中国家和转型国家。

（10亿美元）

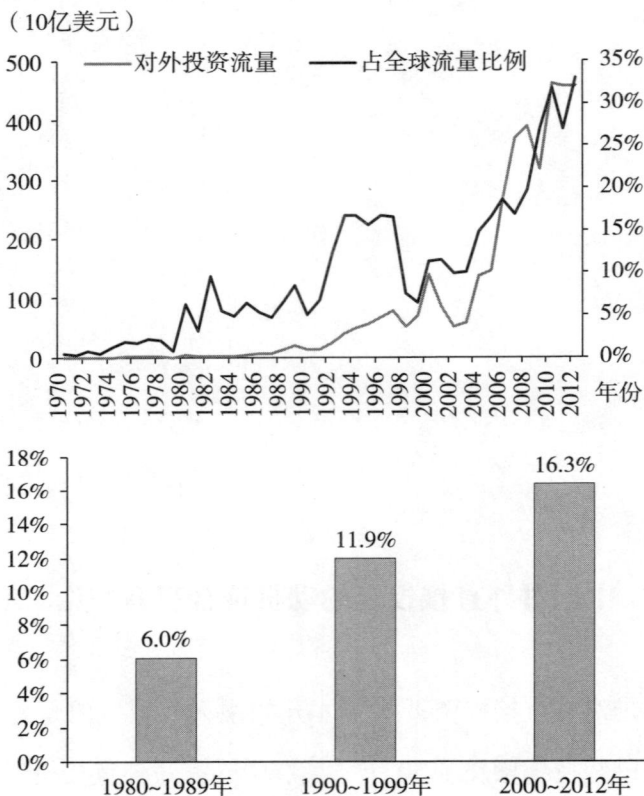

图 4 – 1　发展中国家对外直接投资流量和占全球流量比例
资料来源：联合国贸易和发展会议

行简要介绍。发展中国家的新兴跨国公司选择海外投资动机已有比较
成熟的理论，利用这些理论可以轻松解释中国对外直接投资的动机。
其中，优势利用理论可以解释中国到低收入国家投资的动机，优势获
取理论可以解释中国到发达国家投资的动机。优势利用和优势获取理
论是企业层面的理论，投资发展路径理论则是国家层面的理论。中国
对外直接投资的发展路径与理论非常相符，并且慢于新兴国家投资发

展路径的预计。

优势利用和优势获取理论

国际生产折中理论——优势利用理论

英国经济学家约翰·邓宁（John Dunning）提出的国际生产折中理论（eclectic theory）是研究对外直接投资的最经典的理论之一。他认为，一个国家的对外投资净额是由它的企业所拥有的三种优势的程度决定的（邓宁，1980）：

第一，所有权优势（ownership specific advantage）。指企业在多大程度上拥有或者能够获得其他国家的国际企业所没有或无法获得的，可以在国家间转移的资产和能力。例如，专利技术、产品商标、管理技能、创新文化、高端人才等。

具有所有权优势的企业，可以利用该优势进行对外直接投资，也可以采用在国内生产然后出口经营或者进行技术转让的方式来发挥该优势。所有权优势并非一定导致企业进行对外直接投资。

第二，内部化优势（internalization advantage）。指企业在多大程度上能够将其所拥有的所有权优势内部化，即通过管理、组织和制度的能力，在其国际生产网络间有效地配置、转移和有效利用。

单纯具有所有权优势的企业，并非一定能发挥这种优势的最大效能，只有同时具有所有权优势和内部应用优势的企业，才能从所有权优势中获取最大效益。即便同时具有上述两种优势，企业也并非一定选择对外直接投资，仍然可能只在国内扩大生产规模，进行出口经营或者技术转让。

第三，区位优势（location advantage）。指企业在多大程度上能够通过利用其所选择的东道国的特殊优势来更好地应用其所有权优势。这些优势包括低劳动力成本、大市场容量、完善的基础设施、优惠的吸引投资的政策等。

寻求区位优势是企业的本能，它决定了企业对外直接投资的流向。

当企业同时拥有所有权优势和内部化优势，并且能够获取在某个国家的区位优势时，就具备了进行对外直接投资的充分必要条件（见图4－2）。

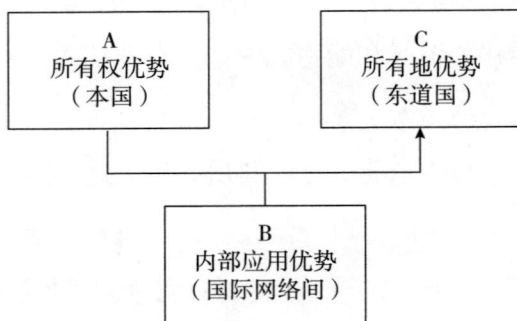

图4－2　国际生产折中理论（优势利用理论）

邓宁的国际生产折中理论，或优势利用理论，对解释发达国家对发展中国家以及新兴国家对低收入发展中国家的直接投资行为很有用，因为前者相对于后者通常具有所有权优势，例如更好的技术和生产组织能力。

虽然发展中国家与发达国家的投资发展路径理论相似，但对发展中国家有更明确强调的一个理论是 Kojima – Ozawa 的"雁阵"理论。"雁阵"理论原本是指成熟工业向处于发展初期的国家的转移，不但会增加这些国家的经济活动，而且会提高这些国家的教育水平、工资水平，并帮助转变这些国家吸引和留住外资的"所在地"优势的特点。根据"雁阵"理论，这些发展中国家随后会自行向那些更落后一些的，成本更低的发展中国家进行对外投资，以保持他们长期的竞争力。因此，成熟国家像领头的大雁带着新兴工业国家，新兴工业国家再带着其他发展中国家通过对外直接投资以倒 V 字形向前发展。

所以，优势利用理论可以轻松解释中国企业到非洲等一些低收入国家的投资动机。例如很多中国的纺织企业，在中国市场需求饱和后选择到非洲一些国家投资，利用当地低廉的劳动力和未能被满足的市场需求，来应用其在中国国内发展时所培养起来的所有权优势。

但是，优势利用理论却无法清晰解释从发展中国家到发达国家的投资行为与动机。因为和发达国家的企业相比，发展中国家的企业恰恰缺乏所有权优势。

不平衡理论——优势获取理论

不平衡理论，也被称为优势获取理论。该理论认为，促使发展中国家的企业向发达国家投资的驱动力是其现有劣势，而不是传统理论所说的所有权优势。当一个企业的资产和能力组合中存在缺陷或不平衡时，会促使它们到海外投资，以获取它们在本国所不能获得的资产或能力。这样的对外投资会帮助减少或去除其资产和能力组合中的不平衡（Moon 和 Roehl，2001）。

我们可以看这样一个例子：三星比 LG 在半导体领域有更好的技术。假设两个企业都对在硅谷投资感兴趣。根据传统理论，三星应该更积极，因为它有更好的技术或所有权优势。但事实上，LG 在硅谷的投资是三星的两倍。LG 称其在努力追赶三星，海外投资是它们实施的赶超手段。

根据不平衡理论，图 4 - 2 可以被扩展为图 4 - 3。处于 BA 的发展中国家除了自主创新以外，还可以通过对外投资获得所有权优势。在通过海外投资获得优势后，发展中国家还可以通过反哺式（reverse spillover）内部应用过程改善其在本国的所有权优势，增强竞争力。

不平衡增长理论在 20 世纪 90 年代成为重要的对外直接投资理论。在进入 21 世纪后，这个理论被更广泛和系统地用来解释发展中国家的跨国公司在发达国家的投资并购活动。

为了解释发展中国家的对外直接投资动因，邓宁（2006）对其优势利用理论做了进一步阐述，指出发展中国家跨国公司的投资优势可能不同于发达国家，例如它们的优势可能是其母国的特定优势。对于中国来说，这样的母国特定优势包括其巨大的国内市场。邓宁等（2008）进一步阐释道，总的来说，任何一个企业对外直接投资的目的和动机有两类。一类是扩展对其已经拥有的各种优势的利用机会和

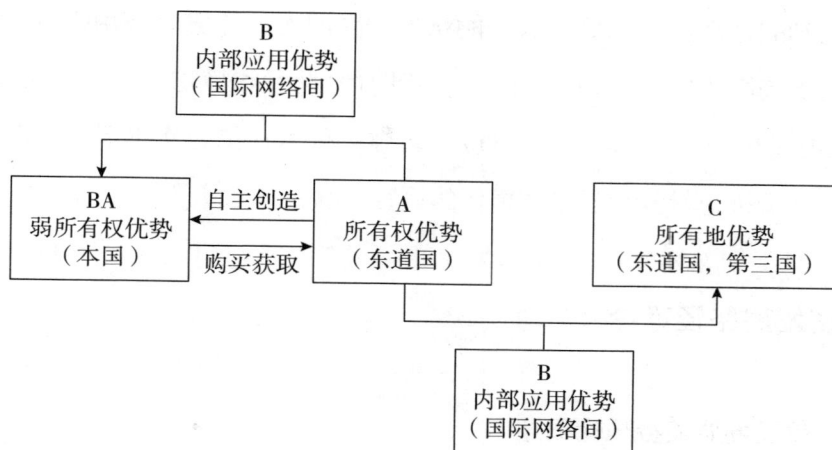

图 4 - 3　优势获取理论

效率。这些优势体现在很多方面，例如它们拥有的技术专利、品牌、对生产过程的管理经验，以及在全球范围内有效组织和利用这些优势的能力。与"优势利用"相反，另一类动机是通过海外投资并购来获得其所不具有的竞争优势。"优势获取"是任何一个企业，包括发展中国家企业成长过程中一个自然的部分。在具备一定的学习和消化能力的基础上，新兴跨国公司的海外投资动机来源于在全球范围内寻求和培育优势，然后再去发挥和利用这些优势。

　　综上所述，包括中国在内的新兴市场国家对外投资的增长，及其在发达国家的投资增长，是不应令人感到意外的。在过去的几十年间，日本、中国台湾地区和韩国都走过了这样一条路，甚至美国在 19 世纪也依循了同样的路径，在很大程度上依靠欧洲的技术来建立它的工业基础。实际上，从英国的工业革命开始，很多国家的工业革命，只要是成功的，都是"优势获取"的结果。欧洲大陆的成功是由于其追随了英国的脚步实行商业合同，并且努力地学习和模仿。美国也一样，"从仿效开始"（Thurow，1985）。同样，日本在第二次世界大战前后的经济奇迹也是基于学习和模仿的途径。

投资发展路径理论

投资发展路径理论概述

邓宁（1981）根据 67 个国家在 1967～1978 年的数据分析得出投资发展路径（Investment Development Path，简称 IDP）理论。该理论认为，一国对外直接投资净额与其经济发展水平密切相关，并具有周期性。

对外直接投资净额是指一个国家的企业在其境外直接投资金额的总和减去外国企业在其境内的直接投资金额的总和之后得到的差额。用人均国民收入代表经济发展水平，它和对外直接投资净额的关系表现在下述五个阶段（见图 4-4）：

第一阶段：人均国民生产总值（GNP）不足 400 美元。内流对外直接投资很少，外流对外直接投资几乎没有。处于第一阶段的国家一般是发展中国家，它们吸引不到内流对外直接投资的原因在于，这些国家没有足够的区位优势来促使外国的企业在本国投资。这可能是因为其国内市场狭小、商业法律制度不健全，或者劳动力素质低、交通通信基础设施落后等。同时，由于没有所有权优势，处于第一阶段的国家几乎没有对外直接投资。外国公司倾向于采取贸易的方式或者与本地企业采取非股权合作经营的方式进入当地市场。

第二阶段：人均 GNP 为 400 ~ 1 500 美元。内流对外直接投资开始增长，但外流对外直接投资很少或几乎没有。净对外直接投资（Net Outward Investment，简称 NOI）仍然为负，且绝对值变得更大。在第二阶段，内流对外直接投资开始增长，因为国内市场变得更大，企业的可变成本相应变低，企业在本国的投资更有可能获得利润。例如，随着交通和通讯等基础设施的改善，熟练和非熟练劳动力数目的增加，外资企业开始在本地投资，以利用当地的自然资源和廉价劳动力。这些内流对外直接投资主要集中在自然资源、初级产品产业，生产的是劳动密集型产品。处于第二阶段的国家相对于第一阶段的国家具有更大的区位优势。第二阶段外流对外直接投资仍然很小，这是因为本国企业的所有权优势还不能保证它们克服对外投资时的初始障碍。但是，这一阶段可能出现一些在邻国进行的对外直接投资，目的可能是获取国外的技术或者是进入国外的市场。

第三阶段：人均 GNP 为 2 000 ~ 5 000 美元。内流对外直接投资的增速会逐渐降低，而外流对外直接投资的增速会增加，这使得 NOI 开始加速增长。这一阶段标志着本国对外直接投资专业化的开始。在第三阶段，由于国内市场规模进一步扩大、与外资企业的竞争增多，以及政府的扶持，一些本国企业的竞争力增强，获得了相对外资企业的所有权优势。在所有权优势较强而区位优势较弱的行业，更多的企业会进行对外直接投资，外流的对外直接投资增速会增加。而在所有权优势较弱而区位优势较强的行业，仍然会有外资进入。

第四阶段：人均 GNP 为 5 000 ~ 10 000 美元。NOI 变为正，并且开始增长。处于第四阶段的国家是一个净投资者，外流对外直接投资超过了内流对外直接投资。此时，本国企业具有很强的所有权优势，并且有更大的可能性利用这一优势从国外市场而不是本国市场中获利。在很多发达工业国家，由于国内市场上劳动力成本不断提升及劳动生产率增速减缓，或者是为了获得某种资源以确保企业在国际市场上的竞争力，企业更有可能进行海外直接投资。

第五阶段：人均 GNP 超过 10 000 美元。NOI 将围绕横轴上下波动。此时，一国的内流对外直接投资和外流对外直接投资都将继续增长，出现了两个现代经济特有的新现象，第一个是跨境交易越来越多地在跨国公司内部进行，而不是通过市场进行；第二个是随着国家间产业能力的趋同，国际投资也渐趋平衡。

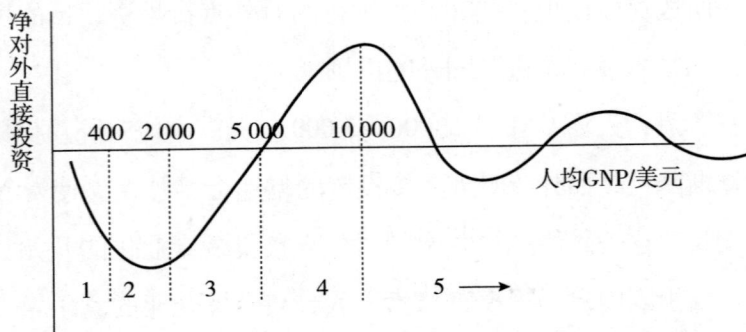

图 4 - 4　投资发展路径理论

资料来源：邓宁（1981）

新兴国家的投资发展路径理论

邓宁（2008）分析了经济全球化对于一个国家投资发展路径的影响，提出了以新兴经济体为主的当代投资发展周期模型。他认为，在经济全球化背景下，全球化带来的竞争压力和发展机会使新兴经济体对外直接投资的起步要比经典的投资发展路径理论预计更为提前。当人均 GNP 为 400 美元左右时，对外直接投资的增速就会超过对内投资的增速。见图 4 - 5。

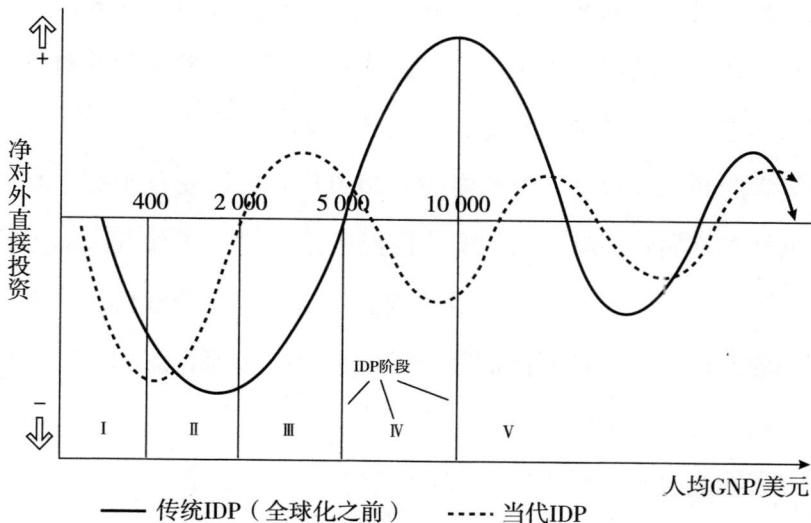

图 4 - 5 新兴国家投资发展路径理论

资料来源：邓宁（2008）

中国对外投资发展路径的实证研究

笔者选用 1980～2012 年中国 NOI 与人均 GNP 的数据，对中国对外投资路径进行模拟分析。

对 IDP 理论进行实证检验有不同的模型。一个是邓宁（1981）和 Narula（1996）等使用的二次函数方程；另一个是 Buckley 和 Castro（1998）等使用的五次函数方程，他们认为五次函数比二次函数更适用于描述对外投资处于起步阶段、增长比较缓慢但对外直接投资流入增长较快的发展中国家的对外投资路径。黄俊安（2010）等遵照以上两个方法，分别运用二次和五次方程对中国 1981～2007 年的对外直接投资数据进行回归分析，发现二次方程的模拟效果更好。

笔者的回归模拟分析与黄俊安（2010）相比，受益于更多和更新的数据样本。另外，笔者除了遵从已经应用过的二次和五次函数方程来进行回归分析外，还建立了四次函数方程进行比较分析。笔者发现五次函数方程对中国对外投资路径的模拟效果很差，这和中国对外投资已经超越了起步阶段有关。

笔者在此讨论二次和四次函数模型的回归分析结果：

模型 I：$NOI = \alpha + \beta_1 GNP_{pc} + \beta_2 GNP_{pc}^2$

模型 II：$NOI = \alpha + \beta_1 GNP_{pc} + \beta_2 GNP_{pc}^2 + \beta_3 GNP_{pc}^3 + \beta_4 GNP_{pc}^4$

模型 I 为二次方模型，模型 II 为四次方模型。其中 NOI 为中国对外投资净额，GNP_{pc}为人均 GNP 值。两个模型的回归计算结果如表 4-1 所示。

表 4-1　中国对外投资回归分析结果

	模型 I	模型 II
α	-550.9	31 138*
β_1	-37.7*	-146.27*
β_2	0.006*	0.0858*
β_3		-2E-5*
β_4		1E-9*
F 值	26.9*	99.7*
R^2	0.64	0.93
曲线类型	U 形	W 形
曲线拐点的人均 GNP	2 995 美元	1 435 美元
曲线拐点出现年份	2008 年	2004 年

注：* 表明结果在 1‰的水平上显著。

比较这两个模型回归结果，可以发现以下特点：

模型 I：变量回归系数以及 F 值在 1‰置信水平下均显著；β_1 值为负，β_2 值为正，表明我国投资发展路径呈 "U" 形曲线，符合 IDP 理论。

模型 II：变量回归系数以及 F 值在 1‰置信水平下均显著；β_1 和 β_3 值为负，β_2 和 β_4 值为正，表明我国投资发展路径呈 "W" 形曲线，基本符合 IDP 理论。但是其 U 形的右边有些波折。也就是说，中国对外投资的流量和对内投资的流量相比，出现小幅波动，相对于理论所预测的平稳趋势稍弱一些。

比较模型 I 和 II 可知，模型 II 在系数值的估算以及在 F 和 R^2 值方面都远优于模型 I。图 4-6 标示出模型 I 和 II 的回归关系曲线，可以看出模型 II 在曲线类型和曲线拐点方面也比模型 I 能更好地模拟实际的情况。例如，这两个模型回归结果的最大不同是在我国投资发展路径出现的拐点上。模型 I 显示拐点出现在人均 GNP 为 2 995 美元时，即 2008 年。但是模型 II 显示拐点出现在人均 GNP 为 1 435 美元时，即 2004 年。很显然，模型 II 的拐点模拟比模型 I 的拐点模拟更符合实际情况。也就是说，笔者所运用的四次函数方程是更适合于描述中国对外投资路径的模型。

中国净对外投资（百万美元）

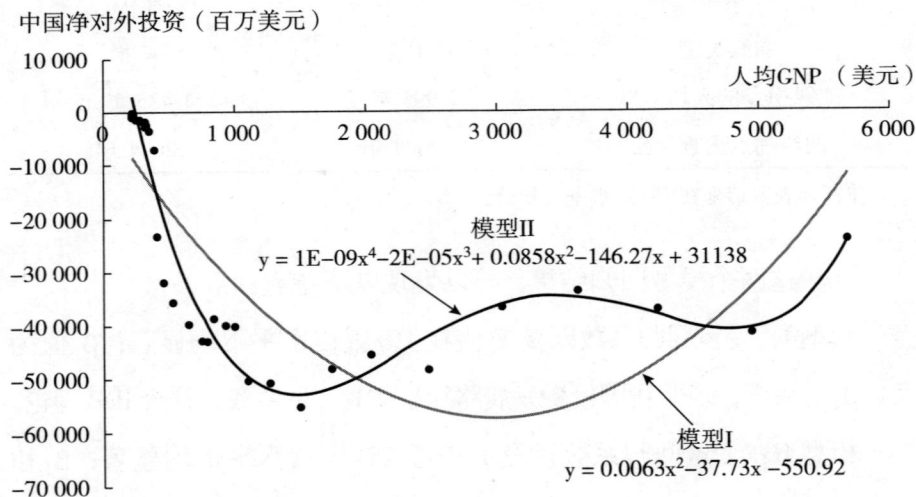

模型 II
$y = 1E-09x^4 - 2E-05x^3 + 0.0858x^2 - 146.27x + 31138$

模型 I
$y = 0.0063x^2 - 37.73x - 550.92$

图 4-6 中国净对外投资与人均 GNP 的关系

从以上分析可以看到，中国对外投资的投资曲线在人均 GNP 达到 1 500 美元时开始掉头向上，走出 U 字形的右边。这和传统的理论非常相符，却比新兴投资发展路径理论预计得要慢。但是，中国的对外投资在增长过程中并非按照邓宁理论的简单的 U 形曲线上升，而是经历了阶段性的小幅波动，略呈 W 形。

另外，根据传统理论，在一国人均 GNP 达到 5 000 美元时，其对外直接投资将超过流入的对内直接投资。中国 2012 年人均 GNP 已经达到 5 680 美元，但中国对外直接投资的规模和外国对中国直接投资的规模还有相当一段距离，图 4 - 6 中的 W 形曲线还远没有触及横轴。也就是说，虽然中国的 U 字形拐点的出现和传统理论比较相符，但是完成 U 字形的速度还是慢于传统理论，这也许和中国有巨大的国内市场以及相对不成熟的市场经济有关系。中国对外投资现在还处于邓宁理论所说的第三阶段。

第五章

全球化是中国对外直接投资的根本驱动力

这一轮经济全球化大约是从 1980 年开始的。全球化进程加快了商品、服务、资本以及劳动力的跨国流动障碍的去除，各个独立的国家经济体以更加国际化的形式加速融入一个全球化的经济体中，这意味着世界各国经济的相互依赖性极大增强（邓宁，2008）。

全球化的三个特点

李捷（2005）提出了全球化的三个特点：

首先，科技革命为经济全球化提供了引擎。以现代交通、通信和信息技术为代表的现代科学技术大大压缩了时间与空间，克服了地域距离造成的障碍，货物、服务、资本、劳动信息都可以更加便利地在全球流动，并使全球化达到了从未有过的深度与广度。

其次，市场经济是经济全球化的体制条件。经济全球化要求世界各国的企业是自主经营、自负盈亏的自由体，它可以根据自己的意志和自身经营发展的需要，按最有利的条件生产，在最有利的地方销售。在市场经济成为所有参与全球化的国家都接受的体制后，才呈现出加速发展的趋势。

最后，贸易与投资自由化是经济全球化的政策条件。世界各国制定了各种反对贸易保护主义，削减投资障碍，取消关税的政策。为适应经济全球化的跨国公司跨国经营的新形势，世界各国先后在各个领域达成贸易自由化和市场准入的协议，为贸易与资本的全球流动奠定了基础，并加速了贸易与资本的全球流动。

随着经济全球化的日益深入，新兴市场国家的企业在本国市场上面临着来自外国跨国公司在各个方面和各种形式的竞争。它们在这样的环境里体会并学习了竞争，但是，它们已经不能仅仅依靠在本国市场的竞争优势来保证它们持续增长的来源。它们必须迎接挑战，开始国际化经营，培养在全球范围内的核心竞争力，努力融入更深层次的全球化经济整合之中。

经济全球化是企业国际化的根本驱动力。

改革开放为中国融入全球化做准备

也是从大约 1980 年以来，中国开始了举世闻名的经济改革和开放。在为中国融入全球经济做准备的同时，也加大和加深了经济全球化的范围和深度。

中国的经济改革，包括改革计划经济体制、引入市场竞争机制、改造国有企业、引进外资、鼓励出口等，在不断实验和探索中得到逐步实施，并互相影响和促进，使得中国的市场经济体制得到初步建立，并帮助中国经济保持了持续30年的高速增长。

国有企业在实行股份制改革和成为上市公司的过程中，成为自负盈亏的相对独立的经济实体。2001年加入WTO后，中国的市场经济得到进一步发展，民营经济对经济的贡献达到GDP的60%。

正如世界贸易组织2010年报告指出的，"中国的贸易开放和外商直接投资激发了经济中的竞争，也有助于国内生产企业的竞争力提升。自20世纪90年代中期，政府开始对国有企业进行改革和重组，并推动民营企业的发展。外商直接投资既鼓励了私营部门的出现，也促使国有企业缩减和重组。"

中国与全球化：中国市场高度开放

中国从1979年开始采取了一系列政策措施鼓励外国直接投资，实现了一系列的转变。包括从成立四个经济特区到在全国范围内引进外资的转变，从允许成立合资公司到允许成立独资公司的转变，从严格的外汇管制到人民币在经常性项目下的可兑换性的转换，以及提供税收优惠到允许享有国民待遇的转变。在发展中国家特别是金砖国家中，中国一直是外国直接投资最大的目的地（见图 5 - 1）。截至 2012 年年底，在中国累计设立外商投资企业约 75 万家，中国实际利用外资总额超过 1 万亿美元。

（亿美元）

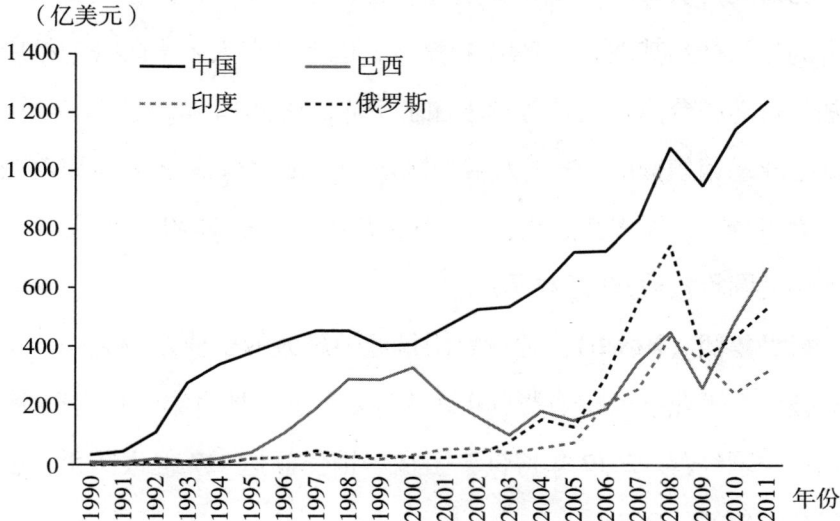

图 5 - 1　金砖国家的对外直接投资——中国始终位居第一
资料来源：联合国贸易和发展会议数据库

西方跨国公司已深入中国市场

在大部分中国商业领域内，国际跨国公司迅速地增加投资，扩张市场，占据它们所在行业的重要位置。一流的全球公司已纷纷"深入中国"（Nolan，2012）。

以下是一些德国和美国企业的例子：①

阿迪达斯。1997 年阿迪达斯进驻中国。2012 年公司在中国的收入达到 15.6 亿欧元，占公司全球营收的 10.5%。

巴斯夫（BASF）。巴斯夫是德国著名化学公司，世界上工厂面积最大的化学产品基地。自 2001 年至今，巴斯夫在大中华区（包括中国大陆、香港和台湾）的销售额增加了 5 倍，在 2012 年超过 51 亿欧元，占其全球总销售额的 7%，大中华区成为巴斯夫仅次于德国和美国的第三大市场。巴斯夫在过去 20 年中已在中国投资逾 40 亿欧元（与合作伙伴共同投资逾 60 亿欧元）。

博世集团（Bosch）。博世集团是德国最大的工业企业之一，从事汽车技术、工业技术和消费品及建筑技术产业。博世集团目前有 58 家公司在中国经营。2012 年博世集团在华销售额达 417 亿人民币，占其全球总销售额的 9.7%。

大众汽车。大众汽车进入中国已有 29 年的历史。2012 年，大众汽车在华销量达到 281 万辆，对比 2011 年提升 24.5%，占大众全球销量超过三成的比例，在中国的市场占有率已经超过 1/5。2012 年，大众汽车在中国获得了 37 亿欧元的营运利润，对比 2011 年增长 42%，占大众汽车全球总营运利润的 32%。2013~2015 年，大众汽车将在中国市场投资 98 亿欧元扩充产能。大众汽车在中国有 12 家工厂，未来

---

① 这些例子是在 Nolan（2012）中一些例子的基础上用最新的数据更新的。如果没有特别说明，例子的来源是相关公司的网站。

还将建设 7 个新工厂。

西门子。中国是西门子在全球的第二大海外市场，也是推动西门子实现全球增长的重要力量。在 2013 财年，西门子中国的新订单总额达 66.1 亿欧元，与上一财年相比增长了 9.8%。公司在中国的营运收入达 61.4 亿欧元，占西门子全球营收的 8%。

沃尔玛。沃尔玛于 1996 年进入中国，截至 2013 年 2 月 28 日，已经在全国 21 个省、自治区的 150 多个城市和 4 个直辖市开设了 390 多家商场。未来三年，沃尔玛将加速在中国的发展，开设 110 家卖场。沃尔玛 2012 年在中国的销售额为 92 亿美元，占中国零售市场的 8%。

百胜（Yum! Brands，Inc.）。百胜目前在中国大陆拥有 5 700 家餐厅。2012 年百胜餐饮集团中国事业部营业额为 68 亿美元，占公司全球营业额的 57%。

耐克。2008 财年，耐克在中国的销售额仅为 13.5 亿美元，占耐克全球总销售额的 7%。2013 财年，耐克在中国的销售额为 24.5 亿美元，占耐克全球总销售额的 10%。2013 财年，耐克 30% 的鞋子都是在中国制造的。

宝洁。2010 年，宝洁在中国的年销售额为 50 亿美元，占宝洁全球总销售额的 6%。2012 年，宝洁在中国的年销售额超过 60 亿美元，占宝洁全球总销售额的 7%。2010~2015 年，宝洁在华将新增 10 亿美元投资。

卡特彼勒。卡特彼勒在中国有 26 家制造工厂、3 个在建新工厂、4 个研发中心（其中无锡总部为全球第二大）、3 个物流和零部件中心，超过 15 000 名员工。卡特彼勒在 2012 年 3 月 21 日宣布的一系列产能扩张计划，将使其在 2015 年真正获得中国市场的领先地位。

通用汽车。通用汽车在中国拥有 12 家合资企业和 2 家全资子公司。2012 年，通用汽车及其在华合资企业全年在中国售出 284 万辆汽车，占中国汽车总销量的 14.7%。[①]

通用电气（GE）。2010 年 GE 销售额达到 1 495 亿美元，在中国的业绩为 60 亿美元，贡献了 4.0%。2011 年 GE 销售额达 1 473 亿美元，在中国的业绩为 57 亿美元，贡献了 3.8%。2012 年 GE 销售额仍然是 1 473 亿美元，在中国的销售额为 68 亿美元，贡献了 4.6%。[②]

陶氏化学。2011 年，陶氏在亚太地区的销售额超过 106 亿美元，其中有 45 亿美元来自大中华地区的业务（包括中国大陆、台湾和香港），与 2010 年相比增长 21.6%，占陶氏亚洲地区销售额的 43%，全球销售额的 7%。陶氏大中华区的目标是成为陶氏全球第二大市场。陶氏将加大在华投资，预计在 2015 年达到 70 亿～80 亿美元的营业额。[③]

苹果公司。2011 财年苹果公司在中国的销售收入为 127 亿美元，

---

① 通用汽车中国网站，中国汽车工业协会。
② 通用电气年报，以及 http：//news. byf. com 2012 年 9 月 20 日文章"通用电气到底想在中国干什么"。
③ 陶氏化学网站；彭洁云. 陶氏化学 2015 年中国市场营业额翻番. 第一财经日报，2012. 6. 8.

占苹果公司全球销售收入的 11.7%。2012 财年苹果公司在中国的销售收入为 225 亿美元，占苹果公司全球销售收入的 14.4%。2013 财年苹果公司在中国的销售收入为 254 亿美元，占苹果公司全球销售收入的 14.9%。

联合技术公司（UTC）。联合技术公司在中国拥有悠久的历史，与中国合作伙伴开展了广泛而深入的合作。公司在中国建立了 40 多家独资、合资企业，每年创造约 40 亿美元营业额。1984 年，旗下奥的斯公司建造了在中国的第一座电梯生产工厂，加上近 10 年的深耕，已使其成为中国最大的电梯生产商，占有约 20% 的市场份额（按销售电梯台数来计算），在中国拥有 7 家工厂，12 家合资企业，并在全国 100 多所城市设有办事机构。①

专栏 5-1　美国公司已深入中国战略性产业中的最重要制高点：金融和航空航天业

金融部门

中国的大型银行已投入巨额资金，对其 IT 系统实施了全面的、高速的转型换代。

● 电脑主机：IBM 是中国"第一级"国有银行的首选，拥有 100% 市场份额。

● 服务器：IBM 和惠普占据了 90% 的市场。

---

① 联合技术公司网站；王思远. 奥的斯东征有道. 环球企业家杂志. 2013（4 月下）.

- 核心业务软件平台：由甲骨文公司和 SAP 双分天下。

- 自动取款机：由 NCR、迪宝（Diebold）和得利多富（Wincor Nixdorf）分别占据。

航空航天业

大型商用飞机往往集中体现着世界上最先进的技术，包括新材料、推进系统和信息技术。C919 是中国正在制造的大型商用飞机，有 160～170 个座位，拟于 2016 年投入使用。ARJ21 是支线喷气客机，在中国国内组装。ARJ21 和 C919 均使用了世界顶尖供应商的分系统，而供应链的核心为美国公司，其中就包括通用电气、联合技术公司、霍尼韦尔、罗克韦尔柯林斯公司、派克汉尼分公司、古德里奇公司和伊顿公司。

例如，通用电气与赛峰集团（SAFRAN）的合资公司——CFM 国际公司——就提供 ARJ21 和 C919 的发动机。ARJ21 客机的飞行舱、航空电子设备、飞行管理和碰撞回避系统由罗克韦尔柯林斯公司提供。而通用电气则提供 C919 飞机的飞行管理系统，包括核心的飞机座舱计算系统、座舱显示仪和飞行记录仪；汉胜公司提供电力发电、配电系统及综合消防系统。

资料来源：Nolan，2012

中国跨国公司在海外才刚刚起步

与西方跨国公司相比，中国的海外并购交易规模依然非常小。如

表 5 - 1 所示，2012 年中国最大的 10 个并购项目的总金额为 387 亿美元，而全球最大的 10 个并购项目的总金额为 2 582 亿美元。在欧盟对中国并购进行竞争审查时，最终都因中国企业的市场份额太小而没有结论。

显而易见，国际跨国公司已大举深入中国，"我中已有你"（Nolan，2012）；但中国公司在海外的并购才刚刚起步，规模有限，离"你中有我"还相去甚远。

开放环境中"与狼共舞"的中国企业

中国企业在外资蜂拥而至的环境中"与狼共舞"，努力培养国际竞争能力。下面是联想控股有限公司董事长兼总裁柳传志在 2011 年 12 月的"中国加入世界贸易组织 10 周年高层论坛"上的发言，① 反映了中国企业在加入 WTO 之后积极走出国门，融入全球产业链，形成新的国际竞争能力。

> 10 年前，中国历经艰难和曲折，加入世贸组织。中国市场的开放从此进入新的阶段，外国产品和企业大规模进入中国。"狼来了"成为当时中国企业界最流行的一句话。所有的中国企业都在问：我们准备好了吗？

---

① 凤凰网，http：//finance. ifeng. com/news/macro/20111211/5248997. shtml.

表5–1 2012年大型合并与收购项目：全球与中国对比

2012年	全球			中国—海外		
排名	投标公司	标的公司	交易价值（10亿美元）	投标公司	标的公司	交易价值（10亿美元）
1	嘉能可国际	斯特拉塔	38.18	中海油	尼克森	18.25
2	现有股东	卡夫食品集团	36.68	新华信托投资，国家航空产业基金，以及P3投资公司	国际租赁金融公司	4.23
3	软银	斯普林特	36.14	大连万达集团	AMC娱乐控股	2.64
4	俄罗斯石油天然气公司（Rosneftegaz）	俄罗斯与英国石油公司合资TNK-BP Ltd（50%）	27.73	中石化	道达尔OML138区块	2.5
5	俄罗斯石油天然气公司（Rosneftegaz）	俄罗斯与英国石油公司合资TNK-BP Ltd（50%）	27.66	中石化	美国戴文能源公司在美五处页岩油气田资产	2.44
6	现有股东	美国Phillips66石油有限公司	20.84	中石油	加拿大能源公司在Duvernay的页岩气区块	2.21

（续表）

2012年	全球			中国—海外		
排名	投标公司	标的公司	交易价值（10亿美元）	投标公司	标的公司	交易价值（10亿美元）
7	安海斯－百威英博	墨西哥莫德罗集团	20.10	中海油	澳大利亚昆士兰柯蒂斯LNG项目	1.93
8	中海油	尼克森	18.25	中石油	西澳洲Browse液化天然气合资项目股权	1.63
9	弗里波特－麦克莫兰铜金矿公司	平原勘探生产公司（Plains Exploration & Production Co）	16.31	中石化	塔里斯曼能源	1.50
10	住宅地产公司（Equity Residential）和艾夫隆公寓公司（AvalonBay Communities Inc.）	美国公寓住宅投资信托公司（Archstone Enterprise LP）	16.28	中国广东核电集团	澳洲Extract Resources公司	1.35
	合计		258.17			38.68

资料来源：Merger Market，Thomson One

面对冲击，中国企业迅速调整自身战略，在更加稳定、透明的商业环境中，加强与国外企业，特别是跨国公司的合作，积极融入全球产业链，参与国际竞争。在"与狼共舞"中，一批中国企业经受住了严峻的考验，初步具备了国际竞争能力。2004 年年底，联想集团经过在国内的充分练兵，宣布并购 IBM 个人电脑，进军国际市场。对于这样一个被称为"蛇吞象"的并购案，当时各界除了称赞我们的勇气外，几乎无人看好。并购是否成功，时间给了我们答案，我们并购前的营业额是 29 亿美元，去年（2010 年）则是 216 亿美元；并购前占国际市场份额的 2.4%，现在是 13.7%；并购前全球排名在 10 名以外，现在是全球第二。

联想集团和许多中国企业的经验证明，走出国门，在全球范围内进行资源的有效组合和配置，可以克服自身劣势，吸收他人优势，形成新的国际竞争力。10 年经验也再次证明，只要应对得当，没有一个国家会因为入世导致本土企业的衰落。在开放的环境中，企业才能获得真正的国际竞争能力。当然，我们也清醒地看到，中国企业要成为一流的世界级企业还有很长的路要走。中国企业欢迎所有的外国企业在更加开放的中国市场里竞争合作。我们也希望世界各国对中国企业敞开大门，鼓励公平竞争。我们深信，一个开放的中国必将为 21 世纪世界和平与繁荣做出更大的贡献。

十八届三中全会之后的中国将进一步开放

2013 年 11 月召开的中国共产党第十八届三中全会通过了《中共中央关于全国深化改革若干重大问题的决定》，明确提出要构建开放型经济新体制。具体措施包括放宽投资准入，例如推进金融、教育、文化、医疗等服务业领域有序开放，放开育幼养老、建筑设计、会计审计、商贸物流、电子商务等服务业领域外资准入限制，进一步放开一般制造业，加快自由贸易区建设和扩大内陆沿边开放。建立公平开放透明的市场规则，探索对外商投资实行准入前国民待遇加负面清单的管理模式。这些措施将使中国进一步开放。

第六章

促进中国对外直接投资的宏观因素

促使企业国际化的经济和政治动因是多方面的，通常包括国内市场不能满足公司的发展需求、竞争的压力和政府的鼓励政策等（UNCTAD，2006）。中国企业在全球化背景下面临的竞争压力已在前一章有所涉及，这一章集中讨论其他促使中国企业海外投资的宏观背景因素。

规划的引导

发达国家很早就认识到对外直接投资对企业的竞争力和国家经济状况的重要性。这些国家不但完全放开了对外直接投资的政策限制，而且准备了一整套政策工具帮助其企业在海外投资。新兴市场国家对对外直接投资的开放和促进政策通常是逐步进行的，包括从禁止到允许再到积极支持的政策，有各种各样的方式，并不遵循一个固定的模式。例如：①

● 印度总理明确指出："我们的政府将排除所有增长障碍，并鼓励印度公司走出去。"

● 泰国副总理说，"扩大和深化竞争优势要从多方面着手，这是至关重要的……就亚洲而言，我是指那些'泛亚洲超级公司'……泰国的一些公司目前已走在泛亚轨道上，与来自其他亚洲国家的跨国公司建立了伙伴关系。"

● 在 2001 年的财政预算发言中，南非财政部长承认："南非公司的全球扩张对经济起了重要的促进作用，增加了市场渠道、出口以及提升了竞争力。"

● 巴西政府在 2003 年就敦促企业界人士"放弃成为跨国商人的恐惧"。政府制定了该国的目标，要"在卢拉总统任期结束时，拥有 10 家真正的跨国公司"。

中国政府早在 20 世纪 90 年代就提出要利用国内国外两个市场、两种资源，并在 2000 年明确把"走出去"提升到国家开放战略高度。之后在一系列文件中对"走出去"都有明确的阐述（见专栏 6 - 1）。

----

① UNCTAD，2006.

专栏6-1　党中央和中国政府文件中对于"走出去"的文字表述

党的报告

1997年十五大报告："……鼓励能够发挥我国比较优势的对外投资。更好地利用国内国外两个市场、两种资源。完善和实施涉外经济贸易的法律法规。"

2002年十六大报告："实施'走出去'战略是对外开放新阶段的重大举措。鼓励和支持有比较优势的各种所有制企业对外投资，带动商品和劳务出口，形成一批有实力的跨国企业和著名品牌。"

2007年十七大报告："拓展对外开放广度和深度，提高开放型经济水平，坚持对外开放的基本国策，把'引进来'和'走出去'更好结合起来，……形成经济全球化条件下参与国际经济合作和竞争新优势。……创新对外投资和合作方式，支持企业在研发、生产、销售等方面开展国际化经营，加快培育我国的跨国公司和国际知名品牌。"

2012年十八大报告："适应经济全球化新形势，必须实行更加积极主动的开放战略，完善互利共赢、多元平衡、安全高效的开放型经济体系。要加快转变对外经济发展方式，推动开放朝着优化结构、拓展深度、提高效益方向转变。创新开放模式，……坚持出口和进口并重，……提高利用外资综合优势和总体效益，推动引资、引技、引智有机结合。加快走出去步伐，……统筹双边、多边、区域次区域开放合作，……提高抵御国际经济风险能力。"

政府的五年规划

2001 年"十五"规划："实施'走出去'战略。鼓励能够发挥我国比较优势的对外投资，扩大国际经济技术合作的领域、途径和方式。继续发展对外承包工程和劳务合作，鼓励有竞争优势的企业开展境外加工贸易，带动产品、服务和技术出口。支持到境外合作开发国内短缺资源，促进国内产业结构调整和资源置换。鼓励企业利用国外智力资源，在境外设立研究开发机构和设计中心。支持有实力的企业跨国经营，实现国际化发展。健全对境外投资的服务体系，在金融、保险、外汇、财税、人才、法律、信息服务、出入境管理等方面，为实施'走出去'战略创造条件。完善境外投资企业的法人治理结构和内部约束机制，规范对外投资的监管。"

2006 年"十一五"规划："实施'走出去'战略。支持有条件的企业对外直接投资和跨国经营。以优势产业为重点，引导企业开展境外加工贸易，促进产品原产地多元化。通过跨国并购、参股、上市、重组联合等方式，培育和发展我国的跨国公司。按照优势互补、平等互利的原则扩大境外资源合作开发。鼓励企业参与境外基础设施建设，提高工程承包水平，稳步发展劳务合作。完善境外投资促进和保障体系，加强对境外投资的统筹协调、风险管理和海外国有资产监管。"

2011 年"十二五"规划："加快实施'走出去'战略。按照市场导向和企业自主决策原则，引导各类所有制企业有序开展境外投资合作。深化国际能源资源开发和加工互利合作。支持在境外开展技术研发投资合作，鼓励制造业优势企业有效对外投资，创建国际化营销网络和知名品牌。扩大农业国际合作，发展海外工程承包和劳务合作，积极开展有利于改善当地民生的项目合作。逐步发展我国大型跨国公司和跨国金融机构，提高国际化经营水平。做好海外投资环境研究，强化投资项目的科学评估。提高综合统筹能力，完善跨部门协调机制，加强实施'走出去'战略的宏观指导和服务。加快完善对外投资法律法规制度，积极商签投资保护、避免双重征税等多双边协定。健全境外投资促进体系，提高企业对外投资便利化程度，维护我国海外权益，防范各类风险。'走出去'的企业和境外合作项目，要履行社会责任，造福当地人民。"

虽然这些政策和战略早已在文字上见诸各种正式文件中，但中国的对外直接投资直到 2004～2005 年才开始迅速增长。这说明，中国在官方文件中所提及的战略方向和在政策及实践层面的具体执行并不一定是同步的。文件中所提及的所谓战略，可能是中国政府在宏观层面对事物未来趋势的前瞻，以及对在微观层面个别新的发展的反映和认可。正如本书后文讨论中将提到的（见第七章），2000 年首次提出的"走出去"发展战略实际上是中国政府对中国国家石油公司早期海外投资的事后认可。

正如研究政治经济学的经济学家长期以来所阐述的那样，企业和政府的关系是复杂、动态和相互依赖的过程。在这个过程中，政府制定规则，企业要遵守；同时，企业也会积极努力影响政策的制定（Boddewyn，1988；Kofele – Kale，1992；Moran，1985）。

从专栏 6 – 1 可以看到，中国政府的文件确实为中国海外直接投资提供了正面的引导，并且逐步丰富和深化。但中国对外直接投资的快速发展还有更多具体的宏观诱因。

监管的放松

关于中国政府对中国对外直接投资的监管条例和程序上的放松，在众多文献中已有充分的讨论。[①] 本章只介绍一些主要的政策放松手段和新近推出的放松措施。

2000 年之后，中国政府出台了一系列相关放松政策。2003 年 5 月，国家外汇管理局发布《国家外汇管理局关于扩大境外投资外汇管理试点有关问题的通知》；商务部、外交部、国家发展和改革委员会（以下简称"发改委"）分别于 2004 年 7 月、2005 年 10 月和 2007 年 2 月联合发布了《对外投资国别产业导向目录（一）（二）（三）》；2004 年 10 月，发改委颁布了《境外投资项目核准暂行管理办法》。

国家外汇管理局从 2001 年起逐渐放宽企业保留外汇收入的限制，明确企业可以根据经营需要自行保留外汇收入，并在 2007 年宣布取消

---

① 例如 Karl 等，2013；Luo 等，2010。

强制结汇要求，在此之前，企业外汇收入原则上必须卖给银行。2008年修订了《外汇管理条例》，正式确立强制结售汇制度的取消，对外投资汇兑管理的便利化大幅度提升；取消对外投资汇兑限制，可兑换程度已与 FDI 相当；国企、民企将得到公平对待，一视同仁（易纲，2012）。

发改委于 2011 年 3 月 18 日发布通知称，地方企业实施的中方投资额 3 亿美元以下的资源开发类、中方投资额 1 亿美元以下的非资源开发类境外投资项目（特殊项目除外），可由所在省级发展改革部门核准。中央企业实施的上述境外投资项目由企业自主决策并报发改委备案。这是改革开放以来对境外投资项目放权幅度最大的一次，进一步强化了企业的投资主体地位。

发展改革部门核准境外投资项目主要审查是否符合国家法律和产业政策、是否符合国际准则、是否危害国家安全等外部要素，并针对境外投资项目具体可能遇到的政治、经济、法律风险进行风险提示，境外投资项目的市场前景、经济效益、资金来源和产品技术方案等由企业自主决策，自担责任和风险。

2012 年 7 月，发改委等 13 个部门公布了《关于鼓励和引导民营企业积极开展境外投资的实施意见》。其中国家鼓励的民营企业境外投资项目的政策支持主要体现在三大方面：在境外投资项目核准或备案和境外投资设立企业核准时予以优先支持；鼓励金融机构为民企境外投资提供多种方式信贷支持；在信息交流、领事保护等方面提供便利和协助。

外汇储备的投资收益要求提高

外汇储备的膨胀是新兴市场国家海外投资的一个常见宏观诱因。例如，以大宗商品为主的出口给巴西带来越来越多的贸易顺差（见图6-1），加上大量的对内直接投资使其外汇储备膨胀；再加上巴西货币巴西里尔升值，为巴西企业的海外直接投资提供了有利的条件。

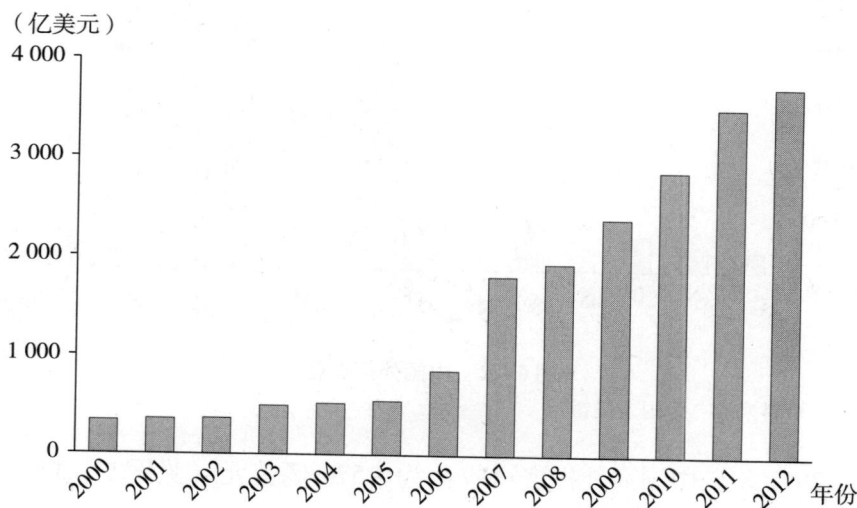

（亿美元）

图6-1　巴西外汇储备

资料来源：巴西中央银行

类似地，在2001年中国加入WTO后，随着出口的增加和外国企业对中国对外投资的增加，即所谓双顺差，中国的外汇储备迅速增长起来，从2000年的1 655亿美元增长到2012年年末的3.3万亿美元（见图6-2），规模居世界首位。2000～2012年的12年间，人均外汇储备从 131 美元上升到 2 361 美元，人均外汇储备占人均 GDP 比重从 13.8% 跃升到了 43.4%。外汇储备成为中国国民财富的重要组成部分。中国的普通民众和大众媒体也开始对其予以关注，这对中国的外汇储备管理提出了挑战。

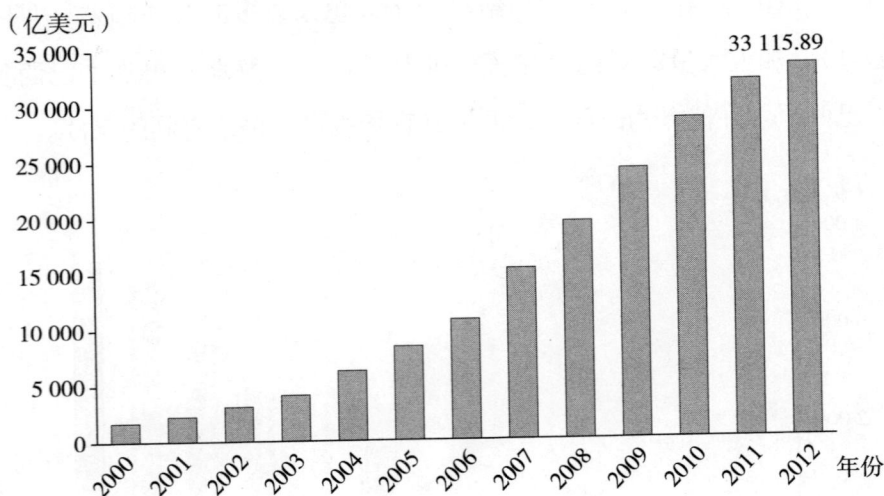

（亿美元）

33 115.89

图 6-2 中国外汇储备

资料来源：中国人民银行

2011 年，中国海外投资净收益为 -574 亿美元（见图 6-3）。中国作为净债权人却在向外支付投资收益，而美国作为国家净债务人却能获得净投资收益，主要是因为中国海外资产的投资收益率远低于海外负债的利率，而美国海外资产的投资收益率远高于海外负债的利率。

造成这个现象的主要原因是，中国对外直接投资占中国海外总投资的比例很低（见图 6-4）。这个比例在 2004～2011 年间仅为 6%，而美国的这个比例在 2002～2010 年间是 23%。实证研究显示，长期直

（亿美元）

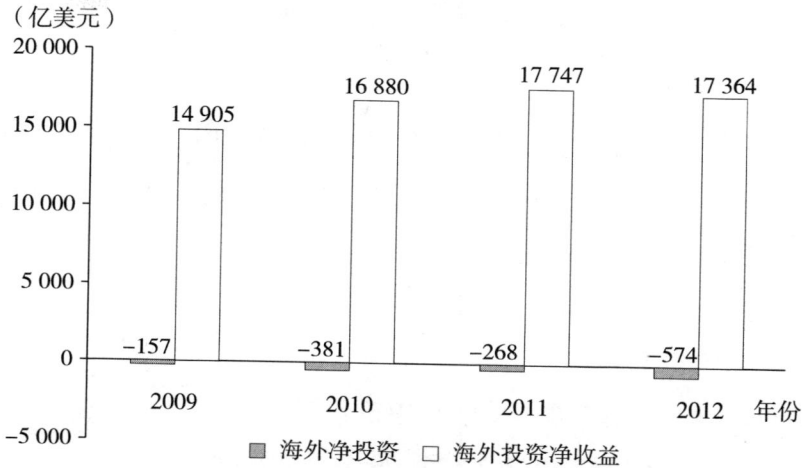

图6-3 中国海外净资产与海外投资净收益
资料来源：国家外汇管理局

（亿美元）

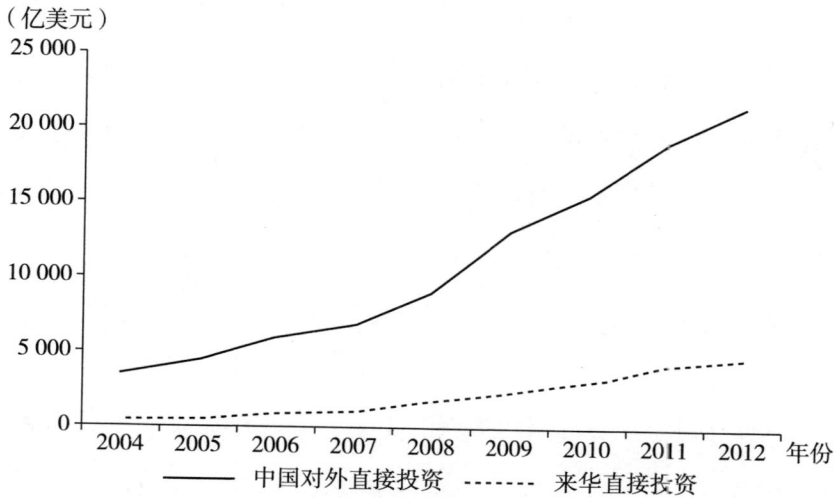

图6-4 来华直接投资和中国对外直接投资（存量）
资料来源：国家外汇管理局

接投资的回报率会高于证券与债权投资的回报率。因而，提高海外投资净收益的需要也是推动中国海外直接投资的动因。根据张斌等

（2010）的研究，中国外汇储备在 2001~2009 年间的真实收益率只有 1.25%~1.68%。

2007 年 9 月，中国对外投资有限责任公司（以下简称"中投公司"）成立，旨在实现中国国家外汇资金多元化投资。5 年来，中投公司稳健审慎地开展多元化投资，为拓展中国外汇资产使用渠道和方式做出了有益探索（楼继伟，2013）。

专栏 6-2　国家主权基金——中投公司

中投公司成立于 2007 年 9 月 29 日，是依照《中华人民共和国公司法》设立的国有独资公司，总部设在北京，注册资本为 2 000 亿美元。

组建中投公司的宗旨是实现国家外汇资金多元化投资，努力在可接受风险范围内实现股东权益最大化，以服务于国家宏观经济发展和深化金融体制改革的需要。作为长期财务投资者，中投公司基于商业和财务原则在境外开展多元化投资业务，努力在可接受风险范围内实现股东权益最大化。中投公司坚持公开市场金融产品投资与长期资产投资相结合的多元化配置模式。目前，中投公司的资产组合中包含现金、公开市场股票、固定收益、绝对收益和长期资产。

2012 年，中投公司境外投资组合全年收益率为 10.60%；自公司成立以来累计年化收益率为 5.02%。

中投公司按照《中华人民共和国公司法》设立了董事会和监事会，国务院代表国家行使股东权利。中投公司的公司治理架构包括董事会、监事会和执行委员会。中投公司国际咨询委员会由 15 位在国际上享有盛名的专家组成，负责就全球经济、投资与监管等议题提供咨询和建议。

资料来源：中国对外投资有限责任公司 2012 年年报

人民币升值使国外资产显得便宜

人民币自 2005 年汇率机制改革以来累计升值约 33%。2005 年 7月 21 日，中国启动人民币汇率形成机制改革，实行以市场供求为基础、参考一篮子货币进行调节、有管理的浮动汇率制度。人民币汇率不再盯住单一美元，而是形成更富弹性的人民币汇率机制。2005 年 7月 21 日 19 时，人民币对美元汇率中间价一次性调高 2%，为 8.11 元人民币兑 1 美元，作为次日银行间外汇市场上外汇指定银行之间交易的中间价；2006 年人民币对美元汇率突破 8.0 元关口，2008 年首度"破 7"，达到 6.9920 元人民币兑 1 美元；目前人民币对美元汇率为 1：6.1~6.2（见图 6-5）。人民币的升值让国外资产显得相对便宜。

高储蓄造成投资能力超过国内市场需求

中国的储蓄率远远高于世界平均水平。从图 6-6 可以看到，中国

（元/美元）

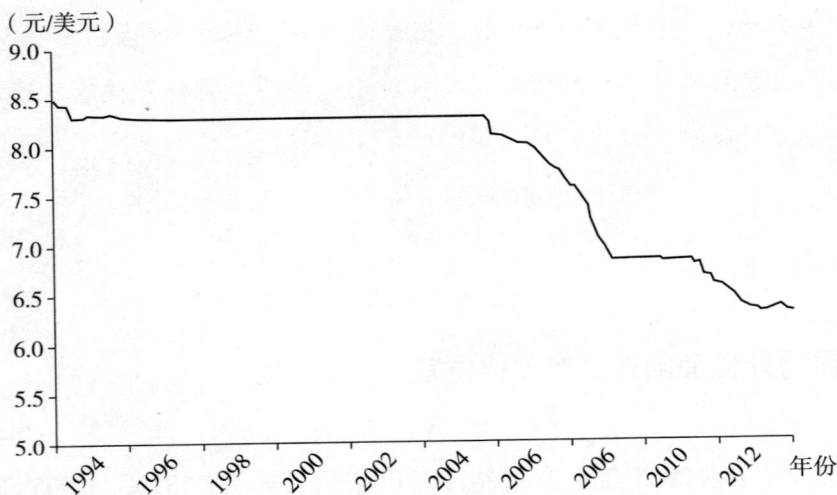

图 6-5　人民币兑美元汇率（1995～2012 年）
资料来源：中经网统计数据库

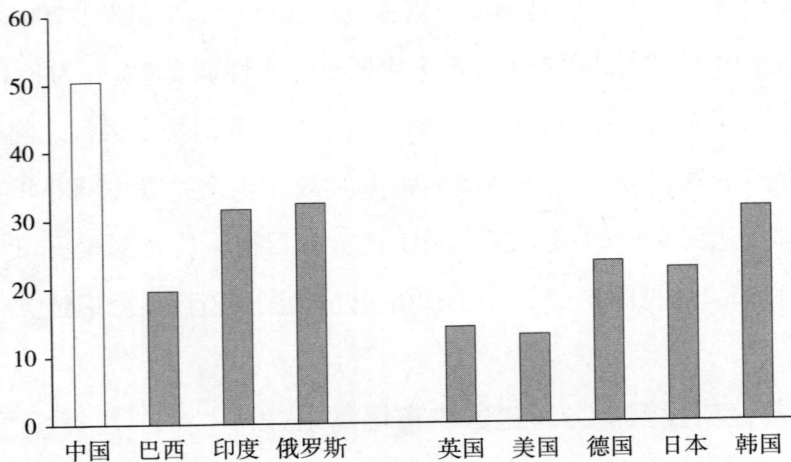

图 6-6　储蓄占 GDP 的比重（％）：中国与其他国家对比（2004～2011 年）
资料来源：世界银行

在 2004～2011 年的平均储蓄率约为 50%，而印度和俄罗斯为 31% 左右，巴西约为 20%。其他发达国家，如美国、英国、德国和日本的储蓄率也远低于中国。

中国的储蓄率还在持续增长。图 6 - 7 显示，中国的总储蓄率从 1992 年的 36.4% 大幅增长了 14 个百分点到 2009 年的 50.8%。从不同的部门来看，中国的家庭储蓄与 GDP 之比是比较稳定的，1992 年为 20.3%，2009 年增长到 24.6%，期间有些波动，低的时候到 18.2%，但基本保持在 20% 上下；企业储蓄则不同，其占比 1992 年为 11.7%，2009 年增长到 21.3%，最高在 2008 年达到 23.1%，涨了将近一倍；同期，政府部门储蓄占比从 1992 年的 4.4% 提高到 2009 年的 5.0%，

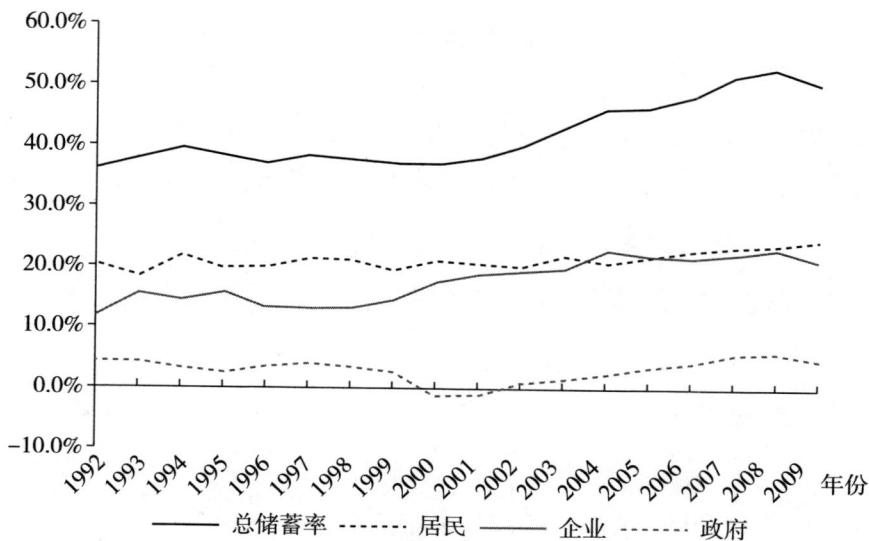

图 6 - 7　中国不同部门的储蓄率

资料来源：国家统计局，资金流量表

上升幅度不大。

　　储蓄是中国对外投资的主要融资来源。高企的储蓄率成就了高企的投资率。中国的固定资本形成对 GDP 的贡献达到 50%（见图 6 - 8）。超常的投资能力也超出中国国内的市场需求，造成产能过剩。

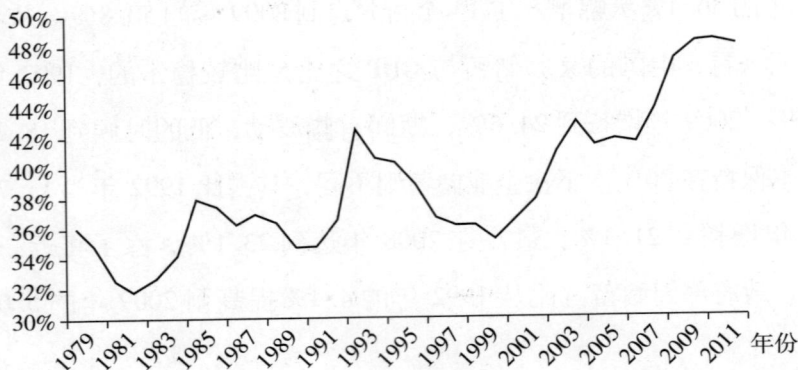

图 6 - 8　中国的固定资本形成对 GDP 的贡献

资料来源：Wind

　　2012 年的数据显示，中国多个行业有产能过剩问题：钢铁过剩 21%、汽车 12%、水泥 28%、电解铝 35%、不锈钢 60%、农药 60%、光伏 95%、玻璃 93%。产能过剩导致行业开工率长期维持低位。①

　　产能过剩的现实问题也是迫使中国走向对外直接投资的因素之一。

应对贸易保护

　　在中国 2001 年加入世界贸易组织之后的 10 年间，中国外贸出口

_____

① 我国酝酿新一轮防控产能过剩政策. 中国证券报. 2013. 1. 8.

的快速增长（见图 6 - 9、图 6 - 10）遇到了越来越多的贸易保护措施所设置的障碍，包括反倾销、反补贴、反规避、反垄断，以及技术性贸易壁垒等。根据商务部的统计，自 2001 年加入世界贸易组织至 2010 年年底，中国受到贸易救济调查共 692 起，涉及总金额约 400 亿美元。

（亿美元）

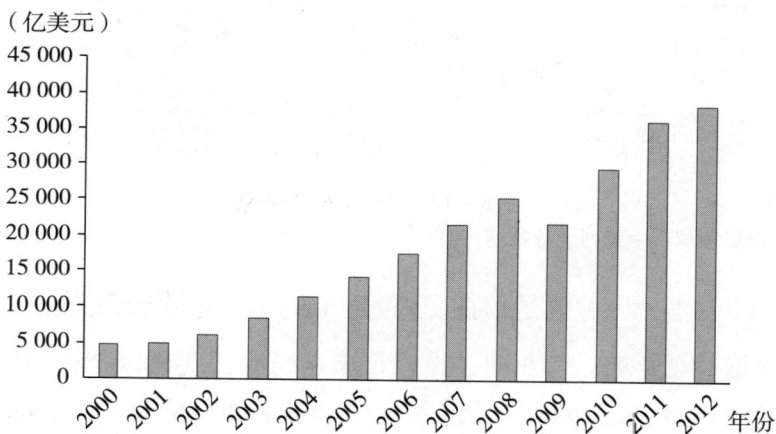

图 6 - 9　中国进出口总额
资料来源：中经网统计数据库

2008 年金融危机后全球贸易保护主义措施不断增加。世界贸易组织发布的最新报告中发出了保护主义可能抬头的预警，欧盟也在一份报告中称，保护主义的上升势头"令人震惊"。① 全球贸易预警组织的数据显示，中国是全球受贸易保护措施伤害最重的国家。

因此，所谓"防御性"海外投资就成为驱动中国进行对外直接投

① 金融时报 . 2012. 6. 19.

（亿美元）

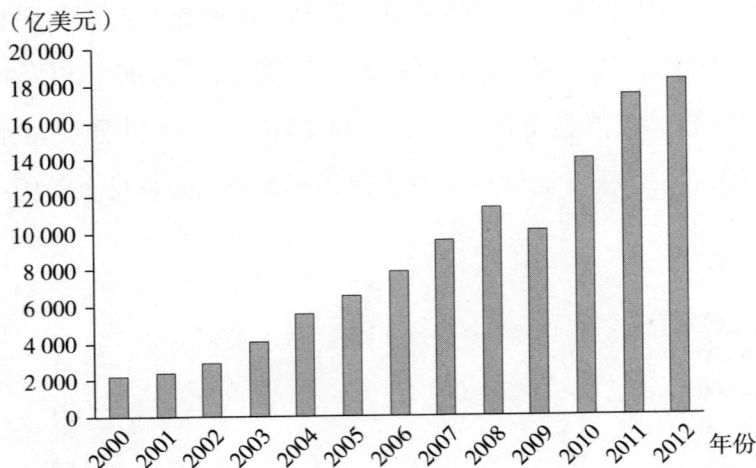

图 6 - 10　中国出口总额

资料来源：中经网统计数据库

资的一个自然诱因。这是指在受到某一国家贸易保护措施的威胁且在该国采取行动之前，企业通过投资该国以减少其实施保护措施的可能性——"这是能够化解关税壁垒威胁的"海外直接投资（Bhagwati、Dinopoulos 和 Wong，1992）。

有些中国企业也将生产转移到受贸易保护影响较小的国家，以绕开贸易保护的障碍。例如，东南亚地区的柬埔寨属于落后国家，美、欧、日等 28 个国家给予柬埔寨普惠制待遇（GSP）；对于自柬埔寨进口的纺织服装产品，美国给予较宽松的配额和减免征收进口关税，欧盟不设限，加拿大给予免征进口关税等优惠措施。因此，柬埔寨近年来吸引了马来西亚、中国台湾、泰国、中国香港和中国大陆的纺织企业的投资，光大进出口公司便是其中之一。很多其他纺织品公司投资于非洲也出于同样的原因。尽管出口商对国外的投资会对母公司的出口有一定替代作用，但海外投资对机器设备、原材料以及零部件的出口有带动作用，也扩大了市场份额（李建萍，2005）。

日本也有类似的海外投资。20 世纪 80 年代，为了缓和与美国的贸易摩擦，日本政府制定了一系列政策措施，鼓励日本厂商向北美地区进行生产基地的转移，增加当地生产，例如丰田、日产、本田、马自达、三菱、富士重工等日本汽车公司相继在美国投资设厂。不仅如此，日本还将亚洲特别是东亚地区变成日本进军欧美市场的出口加工基地，通过这种迂回的方式转移贸易摩擦与冲突。这直接导致了美国对日贸易逆差的下降，从而大大改善了两国紧张的经贸关系。

拉美国家也同样存在为避免贸易保护的对外直接投资。21 世纪以来，各国相继实施反倾销法，严重阻碍了巴西淡水河谷公司产品的出口，促使淡水河谷通过寻求并购，规避反倾销法的限制。2003 年，淡水河谷并购了挪威埃尔肯金属集团的 ElkemRana 铁铬合金厂，后又将该座合金厂改建为铁锰合金生产厂，使该厂成为淡水河谷的第 8 家铁锰厂，铁锰合金年产量为 55 万吨，使其成功进入欧洲市场（肖涵，2009）。

产业升级的需要

虽然 2012 年中国企业 500 强的营业收入、资产总额、入围门槛的增速都高于美国企业 500 强，但利润增幅却连续 3 年低于美国企业 500 强，其中 2011 年中国企业 500 强的净利润和人均营业收入分别只有美国企业 500 强的 39.5% 和 50%。① 之所以如此，关键在于中国制造企业在全球产业链条中始终处于加工制造的低端领域。目前中国制造业的增值率仅为 26.23%，与美国、日本及德国相比，分别低 22.99、22.12 及 11.69 个百分点。②

国务院在《关于印发工业转型升级规划（2011～2015 年）的通知》（国发〔2011〕47 号）中明确指出，"全球化、信息化背景下的国际竞争新格局，客观上为我国利用全球要素资源，加快培养国际竞争新优势创造了条件。同时，跨国公司充分利用全球化的生产和组织模式，以核心技术和专业服务牢牢掌控着全球价值链的高端环节，因此我国工业企业提升国际产业分工地位的任务还十分艰巨。"

另外，中国持续增长的人工成本、土地成本、原材料成本、资金成本、公用事业价格等，使生产要素成本压力加大，加上能源资源和生态环境约束的趋强化倒逼中国工业转型升级。

埃森哲公司和《经济学人》信息部联合针对亚洲企业国际化做了一项广泛调研，结果发现，中国、韩国和印度公司都倾向于通过国际化和海外并购提升价值链上的地位，寻求建立全球品牌。在受访的中国公司中，50% 的公司表示，他们的海外发展主要目的是建立全球品牌，58% 的公司表示，希望通过国际化在价值链上拥有更多主导能力。③

---

① 中国大企业面临可持续发展困局 . 新华网 . 2012.9.1.
② 产能泡沫绊住了中国制造业的再飞动能 . 上海证券报 . 2012.9.28.
③ 欧债危机下中国企业的机遇 . 经济观察报 . 2013.1.19.

其他新兴国家也有同样的经历和要求。例如，印度的海外投资就促进了本国产业结构优化升级。印度软件业的兴起开始于 20 世纪 80 年代，政府的政策扶植和多方面的国际合作帮助了印度软件业的蓬勃发展。国际合作首先表现在人才的合作，主要是在美国信息产业界有一定地位的专业人才返回印度，作为技术和知识的载体，他们将发达国家的先进技术带到印度，充实到国内信息系统中，使得国内产业不断升级。同时表现在产业上的国际合作。产业合作首先是吸引外国企业到印度投资开发；其次鼓励印度 IT 企业"走出去"：一方面到技术发达的国家进行投资，获得最先进的技术，另一方面将已经成熟的技术转移到其他发展中国家，利用当地优势继续获得利润。二者共同助力印度国内产业的升级。印度企业在承接发达国家技术的同时，发展起自己的有形的和无形的资产及管理技术，进一步巩固了本国信息技术产业的国际竞争优势，带动了国内产业结构的优化升级。①

---

① 姜建清．财经．2012（7）．

第七章

中国对外直接投资的微观动因

　　传统的对外直接投资理论认为，促使一个企业决定到海外投资的动因通常基于以下几个方面：寻求资源、寻求市场、寻求战略资产（技术、品牌）和寻求效率（邓宁等，2008）。从以下的讨论中不难看出，这一理论可以很好地解释中国对外直接投资的微观动因。

寻求资源

　　资源短缺是中国经济持续发展的最重要瓶颈之一。例如，中国是世界上最大的钢材生产国和铁矿石消费国，每年进口的铁矿石总量占全世界总需求的60%左右，而中国企业在海外的铁矿石权益量不足进口量的10%。目前世界三大铁矿石巨头的产量占据世界铁矿石贸易量（10亿吨）的70%，它们控制和影响着全球市场货源供应及售价。2003年以前，中国进口铁矿石平均价格约为30美元/吨，到2011年已经上涨到164美元/吨，是2003年价格的5倍多。中国到2020年所需的45种大宗矿产资源只有6种可以自给自足，石油和天然气的对外依存度分别高达60%和40%。据国际能源署（IEA）的预测，2030年中国所需的石油总量的79%需要依靠进口，中国对石油需求的增量超过其他任何国家。获取资源因此成为海外投资并购的重要驱动力之一。见图7-1。

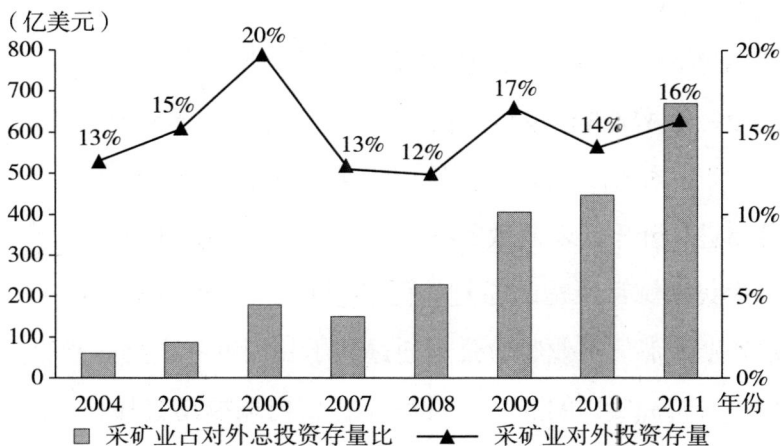

图7-1　中国海外采矿业投资占对外总投资存量比
资料来源：中国对外直接投资统计公报

其他新兴市场国家也有相似的对外投资动因。作为能源资源较缺乏的国家，印度也频繁地通过海外扩张获取经济发展所需的资源。例如，Hindalco公司在2003年先后收购了澳大利亚的两家铜矿企业，以获得稳定的铜矿供应。Tata 铁矿公司 2007 年在莫桑比克投资以获得当地的煤矿资源，2008 年在阿曼进行投资，以获得生产高质量铁矿所需的石灰岩（Baskaran 等，2011）。

2006 年巴西淡水河谷公司收购了加拿大镍矿生产企业英可公司 75.66% 的股份，在这笔金额高达 158 亿美元的收购交易后，淡水河谷公司成为世界上最大的镍矿生产商和仅次于澳大利亚必和必拓公司的全球第二大矿业集团。这次收购是淡水河谷公司多元化经营战略的一部分，对其未来发展十分有利。收购前，该公司的业务主要集中在铁矿石上，收购镍矿公司后，该公司经营的范围从铁矿和铜矿扩展到镍矿（肖涵，2009）。

即使是资源储备丰富的俄罗斯，在国内开采成本上升的情况下，为了满足经济增长的需要，也通过对外投资在全球范围内获取资源，特别是在东欧和非洲国家。例如，俄罗斯卢克石油公司在盛产石油的阿塞拜疆进行开采，以及俄罗斯矿业和钢铁制造商 Mechel 公司在哈萨克斯坦为获取炼钢所需的原材料而进行开发（Filippov，2010）。2004 年，俄罗斯天然气工业股份公司通过其子公司参与了乌兹别克斯坦境内沙赫巴赫特油气田的开发；2005 年在委内瑞拉乌鲁马科 1 区、2 区获得两个大陆架区油气田的勘探与开发权。俄罗斯天然气工业股份公司拥有勘探开发这两个油气田 30 年的许可期限。

由此看来，由寻求资源驱动的中国海外投资本应是最容易理解的。但是，国际上对中国海外投资的质疑大多集中在资源行业的投资。这些质疑包括：

"国际并购是政府的政治战略驱使"①

因为中国在资源行业的企业大多是国有企业，它们在国际上的并购行为常被认为是由于中国政府的战略所致。实际上，发展中国家许多在海外投资的公司，特别是投资于自然资源的，多属国有公司，例如中国石油天然气总公司、智利国家铜业公司、石油和天然气公司（印度）、墨西哥石油公司（墨西哥）、国家石油公司（巴西）、委内瑞拉石油公司、马来西亚国家石油公司（马来西亚）或淡水河谷公司（巴西）。

最初中石油试图投资海外时，例如 1992 年在秘鲁、1996 年在苏丹和委内瑞拉的投资，并未获得政府批准。事实上，当时中国政府计划部门没有特别重视，也并未料到在海外的上游投资是满足日益增长的国内需求之良策（Xu，2007）。中国加入世界贸易组织后，要发展具备国际竞争力的民族企业的理念得到更多认同。当时又恰逢石油进口增加，引发了诸多担忧，所以才对国有石油公司业已展开的海外业务给予了支持。

---

① 例如，戴维·巴伯扎（David Barboza）在其刊登于 2011 年 5 月 4 日《纽约时报》的文章"中国投资可能让美国失利"（As China Invests, U. S. Could Lose）中提到，"美国参议员杰克·里克（Jack Reek）说过，'很多中国公司和政府的关系是如此密切，很难分清公司在哪儿止步，政府从哪儿开始；或者政府从哪儿止步，公司从哪儿开始。'"

由于在国内扩大上游生产的机会有限，而且由于价格控制，下游的生产经营也是薄利或负利，中国的石油公司便试图通过扩大海外业务来增加储备、生产、收入和影响力。因此，国内的资源禀赋和产业结构是中国的石油公司在海外的上游投资的真正驱动力。实际上，中国"走出去"的政策的初始推力正是这些公司，而不是政府官员。中国的石油公司认为，扩大海外业务能够支持中国的能源安全；也正是出于同样的自身利益考虑，美国玉米种植商也提倡通过利用乙醇来实现能源自给（Rosen and Houser，2009）。

国际能源署（IEA）的评估发现，中国政府部门与国有石油公司之间的关系错综复杂，往往有利益分歧。尽管中国的石油公司大多为政府所有（国内和海外私人股东拥有公开上市公司的少数股份），但这些公司并不是由政府经营。公司的行为是相关的个人和政府部门之间复杂的相互作用所带来的结果：其利益并不总能保持一致，但商业诱因却始终是主要驱动因素。

"中国公司囤积资源，减少世界上资源供给"[1]

Downs（2006）、Rosen 和 Houser（2007）对这一问题都做过详细

---

[1] 刊登于 2011 年 3 月 4 日的《金融时报》上题为"问题出现了"（Problems flagged up）的文章中写道，"如果中国人在获取大宗商品上获胜，那会造成国际市场的不平衡，因为主要的商品会因此在市场上消失，而美国和欧洲的消费者将不得不支付高昂的价格。"

的研究。他们得出的结论恰恰是相反的。Rosen 和 Houser（2007）指出，对中国在海外进行石油投资的担忧主要是认为中国的国有石油企业通过达成股本交易锁住了资源，从市场把石油夺走，而其他买家则望尘莫及。这个担忧隐含了两点假设：第一，中国企业只把境外产油卖给国内消费者；第二，这样一来，其他人可获得的油量便减少了。两个假设都错了。Rosen 和 Houser（2007）写道：

> 中石油，这个中国最大的上游石油公司，在 2006 年的日产油量是 270 万桶，这其中，仅 56.4 万桶（21%）产自海外，其将近一半的股本产量产自中石油在 2005 年收购的加拿大所属的哈萨克斯坦石油公司（PetroKazakhstan）。中石化 2006 年在海外的日产油量不到 9 万桶，主要产自俄罗斯和拉美，而中海油的日产油量则不足 3.5 万桶，几乎全部产自印尼。统统加起来，中国企业 2006 年海外的股本产量总共约 67.5 万桶。如果把这些油运回中国，也仅能满足 2006 年全部进口量的 19%。而按照我们根据海关数据、行业情报和新闻报道所做的计算分析，这些公司并没有把大部分境外产油运回国内，而是在公开市场卖给了出价最高的投标商。

Victor（2007）写到，最好的估算显示，只有 1/10 由中国海外投资所生产的石油被运回国内，所以中国海外投资的最大受益人实际上是世界上其他国家的石油消费者，首当其冲的便是美国。

当壳牌公司在世界某地签署股权协议时，没有人会担心荷兰会从市场上夺走石油，造成其他国家缺乏能源保障。这是因为我们认为将来谁出价最高，壳牌就会把油卖给谁。迄今为止，中国的石油公司也是这么做的。所以，对于中国的国有石油企业，利润因素要高于政治方面的考量（Rosen 和 Houser，2009）。

2012 年 12 月 3 日，国家能源局领导在第四届中国对外投资合作洽谈会上首次披露了中国海外权益油中运回国和当地销售量的比例。他提到，"中国在海外的权益油已突破 9 000 万吨/年，作业产量超过 1.5 亿吨/年，其中，中石油约占 58%，中石化约占 26%，中海油约占 12%，剩下 4% 属于中化、中信以及其他民营企业。""中国石油公司在海外的权益油 90% 以上都在当地销售。"①

2013 年，中国汽油出口量可能逼近 400 万吨，同比反弹逾 30%。2013 年，中国柴油净出口量突破 300 万吨，创历史最高水平。不少在新加坡的亚洲市场柴油交易员担心，中国的净出口增量将使得亚洲市场承受一定压力。中国国内多家媒体也对此进行了负面报道，要求"两桶油"不能为私利而忘却央企责任。

新华网为此专门刊登文章，指出"两桶油"出口追求的是利润。中国在 2012 年新增了炼油项目，但宏观经济的增速放缓严重制约了需求的增幅，造成库存持续上升，出口是释放库存压力的渠道。

另外，对于自然资源企业的海外并购，近年来已出现放缓势头。

---

① http://www.cpcia.org.cn/html/13/201212/121690.html.

主要原因在于，前些年中国企业已通过收购大幅度扩充了资产组合，未来这些企业将会投入更多精力管理和开发这些通过收购获得的资产，使之充分发挥效益。①

"中国在非洲搞'新殖民主义'"②

中国和非洲的政治经济往来历史悠久。中国在非洲对自然资源的投资常常是和对基础设施的投资捆绑在一起的。这样的投资改变了由于缺乏基础设施而使大量的非洲自然资源被传统的西方投资者忽略的状态，对非洲国家的经济发展起到积极推动作用。

世界银行的一份名为"建造桥梁：中国在撒哈拉以南非洲的基础设施融资中的越来越重要的角色"（2009）的研究报告，对一个2001~2007年的数据库进行了分析，得出如下结论：

> 中非之间日益增长的经济合作关系从根本上是由中非之间存在的明显的经济互补性决定的；非洲一方拥有未开发的丰富资源但缺乏基础设施，中国一方拥有世界一流的基础设施承包工程能力但缺乏资源。

> 落后的基础设施是非洲发展面临的挑战之一，需要大量的投资并存在融资缺口。中国已经发展了世界上规模最大和最具竞争

① 金旼旼. 中企跨境并购或入活跃期. 国际商报. 2013. 11. 5.

② 参见 Damian Grammaticas，Chinese colonialism？，BBC News Asia 2012. 07. 19.

力的建筑工业，而且特别擅长对基础设施发展至关重要的土木工程。自1999年以来，中国的建筑行业年均增长20%，使中国成为世界上最大的建筑市场。中国的建筑公司的竞争力可以通过其在诸如世界银行和非洲发展银行这样的多国援助机构的投标中的表现来衡量。在最近30年，它们在这两家多国援助机构投标的土木工程合同的总价值中占据了30%，这反映了它们远比其他国家的建筑公司更加成功。中国建筑公司在道路和水务部门，以及在诸如埃塞俄比亚、坦桑尼亚和民主刚果等国家的基础设施建设方面特别成功。

（亿美元）

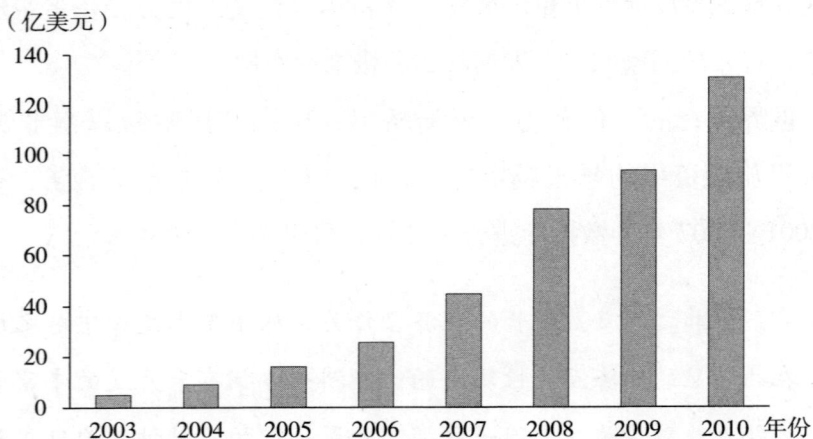

图7-2　中国对非洲的直接投资存量

资料来源：各年《中国对外直接投资统计公报》，其中2003～2007年只包含非金融类投资

同时，由于全球化，中国高速增长的制造业经济产生了超出国内所能供给的原油和矿产的需求。非洲已经成为中国主要的资源进口地，而加强其基础设施将拓展其潜力，加速这一地区的经

济发展。

非洲的领导人大多欢迎中国发展援助的新方式，这种方式对别国国内政治不予干涉，强调发展中国家的合作与团结，并且提供了一种新型的、对国家起更重要作用的发展模式。

事实上，中国不是非洲基础设施项目中唯一重要的新兴融资者。印度也已经通过其进出口银行对尼日利亚和苏丹等国的电力项目进行支持，在这些国家有开发自然资源的利益。2003～2007 年，印度在非洲的与自然资源利益相关的基础设施交易额平均每年约为 5 亿美元。此外，阿拉伯国家在 2001～2007 期间，每年为基础设施提供约 5 亿美元融资，主要形式是相对小的项目（2 000 万美元的规模）并着重强调道路投资（Foster 等，2009）。

另外，中国与非洲的合作还体现在其他很多行业，投资领域分布广泛。截至 2013 年年底，有超过 2 500 家中国企业在非洲投资，投资的行业包括采掘业、金融业、建筑业、电力生产业、纺织业、房地产业等（见图 7 - 3）。

有一个被东西方媒体广泛报道的典型例子，便是中国浙江的制鞋企业华坚集团（以下简称"华坚"）在埃塞俄比亚投资设立的工厂。华坚从 2011 年开始投资埃塞俄比亚，成为中国制鞋业第一个走进非洲的企业。目前华坚埃塞俄比亚工厂是埃塞俄比亚最大的制鞋企业，每天可以生产一万多双成品鞋，全部销往世界各地。华坚带动了当地皮革加工、运输、物流、农场等多领域发展，解决了 3 200 名本地员工

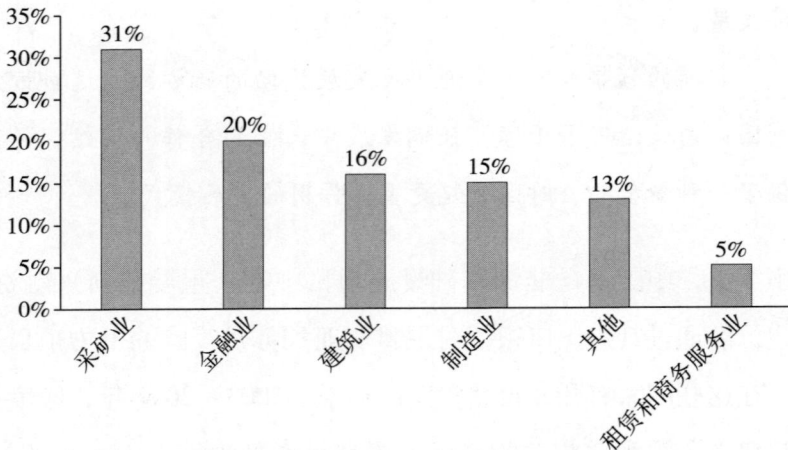

图 7-3 中国对非洲直接投资行业分布（2011 年存量）
注：采矿业包括石油和天然气开采业。
资料来源：中国与非洲的经贸合作（2013）白皮书

的就业。①② 国际货币基金组织认定华坚是中国在埃塞俄比亚提供就业机会的最佳企业。

另外，中信建设在安哥拉首都罗安达南部承建的 KK 新城一期占地近 9 平方公里，建有 710 座公寓楼、41 所学校，以及电力、排水、交通、绿化等配套设施。这是中国企业在非洲完成的最大整体社区建设项目，仅历时 4 年便完成建设。2012 年 10 月，一期工程交付业主安哥拉国家石油公司后，深受市场欢迎。KK 新城一期共有 2 万套住宅，

① http://www.tingvoa.com/html/20140507/Huajian - Shoe - Factory - creats - jobs - in - Ethiopia. html.

② William Wallis，*China plans multimillion Ethiopia investment*，June 3，2013，Financial Times.

目前入住率达到 80% 。作为一个成功实践的范本，KK 新城被安哥拉总统多斯桑托斯形容为 "国家重建王冠上最为璀璨的明珠"。这个安居工程，不仅满足了安哥拉渴望重建国家的愿望，也拉动了当地就业和经济发展。中信建设已累计雇佣 5.5 万名安哥拉工人参与新城建设，并在当地建立起一系列的建材配套产业。①

寻求市场

贸易替代或防御型对外直接投资

如在前面讨论中提到的，中国的生产制造产能在有些领域超出中国的市场需求。例如家电、纺织、服装等行业，产品明显供过于求。但是其他国家的市场需求却很旺盛。通过海外投资并购把生产转移到当地，可以规避贸易壁垒、减少贸易摩擦，从而占领更多市场，即通过对外投资将出口贸易转化成就地产销。这类寻求市场的海外投资又被称为贸易替代或防御型对外直接投资。

家用电器生产商海尔公司是中国企业在海外寻求市场的先行者。对海尔海外发展战略的外部影响因素有很多，中国家用电器市场的饱和，以及激烈的竞争，是其中重要的因素。20 世纪 90 年代中期以后，价格战在一个又一个中国的家电市场打响。2000 年年底，海尔电冰

---

① 公司访谈，以及 http：//gb. cri. cn/42071/2014/05/07/7371s4531420. htm.

箱、冰柜、空调、洗衣机的中国市场份额分别达到 33%、42%、31% 和 31%。海尔在中国市场进一步发展的潜力因而是有限的。然而，海尔在中国的优秀业绩成为它向海外发展的基石。另外，国际上家电制造商进入中国市场也迫使海尔走出国门寻求海外市场。特别是自 2001 年中国加入 WTO 之后，几乎所有的国际竞争对手都在中国设立了独资公司。对海尔来说，最好的防御策略就是进入竞争对手的本国市场。

截至 2012 年，海尔集团全球营业额为 1 631 亿元，在全球 17 个国家拥有 8 万多名员工，用户遍布世界 100 多个国家和地区。2012 年 12 月 21 日，世界权威市场调查机构欧睿国际（Euromonitor）发布的最新全球家电市场调查结果显示：海尔大型家用电器 2012 年品牌零售量占全球市场的 8.6%，第四次蝉联全球第一。海尔的营业额自 2000 年以来已增长 4 倍，税前利润同期则增长了逾 6 倍，在波士顿咨询公司出版的《2012 年度全球最具创新力企业 50 强报告》中，海尔位列第八，超过了亚马逊等知名企业。[①]

进攻型对外直接投资

另一类市场寻求型海外投资被称为进攻型对外投资，例如利用自己的技术优势开发新的市场，提高产品品牌的知名度。由于中国企业

---

① 中国海尔越做越强. 经济学人. 2013. 10. 12.

（亿元人民币）

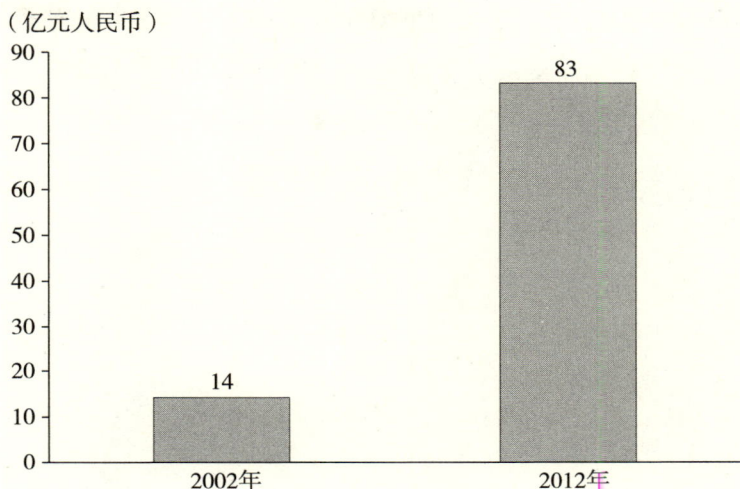

图 7 - 3　海尔集团海外销售收入
资料来源：海尔集团网页

的竞争力还普遍不够强，中国进攻型寻求市场的投资还属于少数。但这少数中却有非常耀眼的成功企业，比如华为。

华为是一家民营电信设备供应商。和大多数中国企业不同，华为坚持自主研发，持续创新，依靠自己的知识资本实现持续高速和高效的成长，成为全球领先的信息与通信解决方案供应商。华为每年将销售额的 10% 作为研发费用，产品与解决方案的研究开发人员有 70 000 多名（约占公司总人数的 45%）。华为在德国、瑞典、美国、法国、意大利、俄罗斯、印度及中国等地设立了 16 个研究中心。目前，华为的产品和解决方案已经应用于 140 多个国家，服务全球 1/3 的人口。

截至 2012 年 12 月 31 日，华为累计申请中国专利 41 948 件，国际 PCT 专利申请 12 453 件，外国专利申请 14 494 件，累计共获得专利授权 30 240 件。2012 年,华为研发费用支出为人民币 300.9 亿元,占收入的 13.7%。其中研究投入人民币 13 亿元,近 10 年投入的研发费用超过人民币 1 300 亿元。

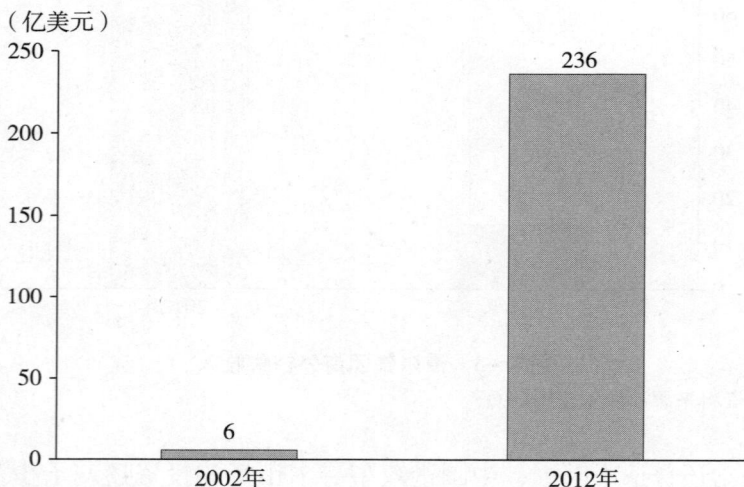

图 7-4 华为海外销售收入
资料来源:华为公司网页

2012 年,华为的销售收入达到 2 202 亿元人民币,实现净利润 154 亿元人民币,在全球雇佣超过 15 万名员工。[①]

其他新兴市场国家也有类似的例子。2008 年,巴西石油公司收购了日本冲绳 Nansei Sekiyu K. K. 炼油厂 87.5% 的股份。巴西石油公司看重的是该炼油厂正好介于日本、韩国和中国之间的地理位置,以及良好的石油储备能力,可以借此打开对亚洲市场的供应。[②]

---

① 华为公司网页。
② 国际能源网。

俄罗斯的通讯跨国公司也在邻近的独联体国家中扩大市场份额。经典的例子包括通讯公司 MTS 和 Vimpelcom 在独联体国家市场的拓展。俄罗斯的公司得益于对当地传统和商业实践的了解以及共享相同的语言（Filippov，2010）。

印度的公司也开始在国内市场面临激烈的外国公司的竞争，因此寻求海外市场的投资以扩张海外市场份额对印度的公司将越发重要。这是印度国家银行（SBI）进入毛里求斯、印度尼西亚和肯尼亚的部分动机。此外，印度企业也为进入大的发达经济体市场而增加对该国的投资。这对诸如酒店业（例如 Taj 酒店集团）和教育（例如印度国家信息技术学院，NIIT）等非贸易品行业尤为重要。很多软件公司在美国这样的发达国家建立设施（称为"逆向外包"），从而获得客户的特定知识并寻找新的商业机会。同样，印度的制药公司也为其非专利药寻求新的不受管制的市场（Rabin 和 Rajan，2010）。印度 Tata 铁矿公司 2007 年获得 Corus 在英国的股权，这一方面是为了获得 Corus 技术和管理经验，另一方面也是为了获得 Corus 在全球特别是欧洲市场的销售和服务网络（Gammeltoft，2008）。

另外，在海外日资企业中，产品就地销售的占 64%，销往第三国的占 21%，返销日本的仅占 15%。这表明，通过对外直接投资，日本以国际化生产代替了单纯的出口，产生了 85% 的贸易替代效应。①

① 姜建清. 以对外投资促经济转型. 财经. 2012. 3. 12.

寻求技术和品牌

与发达国家的技术和品牌差距，是中国经济持续发展的另一瓶颈。例如，工程机械行业 60% 左右的核心零部件，如底盘、泵、电器件等都是从国外采购，在总成本中占比超过 70%。在发动机、液压件等核心零部件领域，中国工程机械企业始终缺乏控制力与议价能力。①

克服这一瓶颈的有效途径，便是通过跨国并购获得国外先进企业的核心技术和品牌。Pradhand 和 Singh（2009）就发现，印度汽车生产企业的对外直接投资，可以通过知识外溢和加强国内研发投入的方式，提升母国企业和产业的技术水平。Shan 和 Song（1997）发现，由于美国在生化行业的全球领先地位，在这个行业的对外直接投资大多都以美国为目的地，以获取领先的技术。

前面讨论中提到的 2008 年中联重科收购意大利混凝土机械巨头 CIFA 约 60% 股权，以及 2012 年三一重工收购全球混凝土机械第一品牌德国普茨迈斯特控股有限公司 90% 股份，便是中国机械行业通过海外并购获取技术和品牌的典型案例。另外，2002 年中国的上海电气公司在收购了日本秋山机械公司后，吸收了其属下熟练的技术人员、接收了该公司的印刷机发明技术。通过收购，上海电气集团树立了其在国内单张纸胶印机领域的领先地位。另外，上海电气又在 2014 年 5 月

---

① 张伯玲. 工程机械收购潮起，全球行业格局十年难有大变. 财新网. 2012. 02. 13.

出资 4 亿欧元收购了意大利安萨尔多能源公司 40% 的股份。入股后，安萨尔多现有的所有燃机自主研发技术与能力都将与上海电气共享，这将使中国燃机发展战略目标的实现时间大大提前。[①] 中国的京东方公司在 2003 年收购了韩国 Hynix 属下的 TFT – LCD 业务，该生产线当时全球排名为第 9 位。京东方的核心业务为显示器领域，在液晶显示器逐渐成为显示器领域主要发展方向的背景下，这项收购使京东方获得生产 TFT 屏的核心技术（戴春宁，2009）。复星集团分别于 2010 年和 2013 年投资收购地中海俱乐部和意大利顶级男装制造商 CarusoSpa，目的是利用这两家企业的品牌来分享中国的巨大市场。

专栏 7 – 1　我们是人家的老板，但人家是我们的老师

　　2005 年，中国化工集团收购了全球第二大蛋氨酸生产企业——法国安迪苏集团。4 年后，安迪苏不仅自身实现了扭亏为盈，而且将蛋氨酸生产技术带到中国，成立了南京安迪苏公司。法国安迪苏的主要产品蛋氨酸是一种人体自身不能合成、只能通过食物摄取的氨基酸，中国国内市场需求巨大，但只有美、法、德、日四国能生产，中国长期依赖进口。"我们希望可以通过收购，填补这项国内空白。"中国化工集团董事长任建新说。由于中国的生产成本比较低，欧洲员工担心中国化工买下企业后会把技术拿走，把工厂移到中国，海外公司会被关闭，自己就失业了。"回想起来，当初能成

---

①　上海电气购意燃机公司 4 亿欧元补 30 年技术鸿沟. 文汇报. 2014. 5.

功收购安迪苏，很重要的一点就是我们反复真诚地跟员工讲，我们不会裁员，而且会尽可能支持安迪苏走出困境。"任建新说，要想成功引进先进技术，就不能只想自己要什么，而是要从实现共赢角度出发，真诚帮助海外企业取得良好发展。并购之后的几年中，通过稳定管理层，激励员工，在大家的共同努力下，法国安迪苏实现了盈利能力增长10倍的好成绩。南京安迪苏就是在这样双赢的背景下诞生的。为了让海外员工更安心，中国化工集团还特意把南京安迪苏并入法国安迪苏，使之和西班牙安迪苏一样，成了法国安迪苏的一家海外工厂。

在中国化工集团看来，"走出去"的意义不仅在于获得国外最先进的技术，更在于学习国外卓越的行业管理经验。任建新说："海外企业的国际市场经验和现代企业管理经验都比我们丰富。我们是人家的老板，但人家是我们的老师。把好的经验吸收进来，整个集团才能更强大。"

一般企业是向子公司派驻管理层，而中国化工集团则是派驻"实习生"，专门负责学习先进管理经验。被派到法国安迪苏公司的彭海涛如今已是南京安迪苏生产准备部经理，海外"实习"的5年里，他"西化"了不少。彭海涛说："法国人做计划，一定会尽可能考虑周全。比如接待中国员工赴法短期培训的计划书，要细致到谁来办护照、买机票，要不要买医疗保险，甚至包括迷路了该找谁。一开始我觉得有点儿影响工作效率，后来慢慢发现计划做细了，可执行性就强，有时候效率反而高。"

> "中国企业毕竟刚开始尝试'走出去',在资源全球化配置方面还有欠缺,中国化工集团也不例外,还要向国外跨国企业多学习,在实践中多摸索。"任建新说。
>
> 资料来源:左娅.中国化工海外并购"三字经".人民日报.2013.1.21

图 7-5 显示了中国企业在美雇员的年平均工资比美国本土跨国公司雇员的年平均工资高出大约 8%。这恰恰说明中国企业到发达国家投资的目的之一是为了接近和利用发达国家的高端管理和研究人才。

美元(千元)

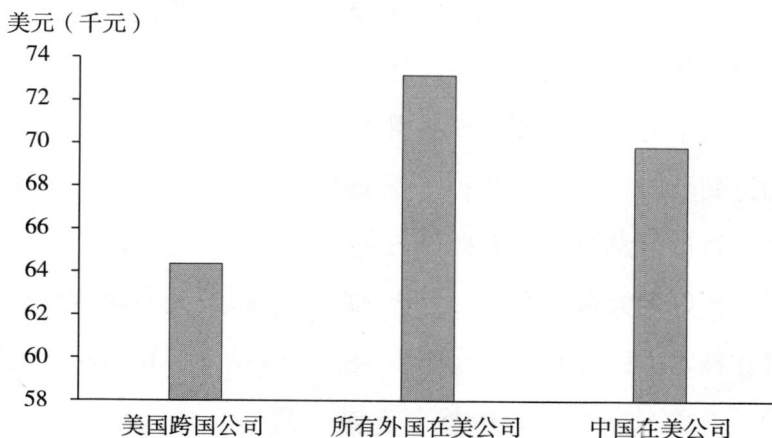

图 7-5　雇员年平均工资 (2007 年)

资料来源:Foreign Direct Investment in the United States:Benefits, Suspicions, and Risks with Special Attention to FDI from China. Theodore H. Moran and Lindsay Oldenski, August, 2013

其他新兴市场国家也不乏类似的例子。例如,俄罗斯公司 Renova 参与了对瑞士两家科技密集型公司的收购。2006 年,Renova 购买了

Oerlikon 公司 10.25% 的股票，并在 2008 年成为该公司的主要股东。Renova 可以帮助 Oerlikon 在俄罗斯建立汽车部件的生产厂商；反过来，Oerlikon 的技术可以运用到 Renova 一家名叫乌拉尔汽轮机厂（Ural turbine plant）的子公司中。2007 年，Renova 还购买了 Sulzer AG 公司相当数量的股份，Sulzer AG 公司是石油、天然气、化工、造纸等行业的设备制造商（Filippov，2010）。俄罗斯的 Smart Hydrogen 公司在 2006 年收购了美国普拉格动力公司 35% 的股份。普拉格动力公司是世界上氢能设备的主要研发与生产商，在其帮助下，俄罗斯 Smart Hydrogen 公司从 2008 年开始在国内生产氢能设备。

印度最大的塔塔汽车公司 2004 年收购了韩国的大宇商务汽车公司，获得了其技术和互补性的产品，增强了自身的实力。两家公司合并后，大宇的重型商务汽车被引进到印度市场，塔塔的中型商务车被引进到韩国市场，这两种车都获得了市场的认可。印度 Infosys 作为全球咨询信息技术服务提供商，为了获得当地先进的人才和技术，并且更好地为客户服务，将会选择一些跨国大公司结成战略联盟，并在技术先进的地方建立研发中心。1987 年，Infosys 在美国建立了第一个海外子公司，1996 年在英国建立首个欧洲子公司（肖涵，2009）。

在发达国家的跨国并购中，许多并购方的核心目的在于获取东道国被并购方的某些技术，将被并购方的技术纳入自身技术体系之中，从而整合某一行业或技术领域科技力量，形成新的技术竞争优势。在这方面的典型例子就是美国的思科（CISCO）公司。在思科公司的发展过程中，几乎主要是靠并购许多具有局部技术优势的中小型科技企业，经过有效的整合后，形成了强大的生命力和竞争力，正确的并购方式和策略使得思科公司快速成长，在许多信息技术领域处于领先地位。

发达国家的企业和新兴市场国家的企业在从事并购时方式会有所不同。对于那些已经拥有技术优势的企业，发达国家企业的并购常会从效率或实力的角度，重组企业结构或者消灭一个潜在的竞争对手。相反，新兴市场经济国家的企业通常是为了学习和赶超更有优势的竞争者，因而有动力保留并购对象从而向其学习。吉利在收购沃尔沃的过程中，始终允诺"吉利是吉利，沃尔沃是沃尔沃"。收购成功之后，吉利并不关闭沃尔沃轿车在哥德堡和比利时的工厂，并且沃尔沃轿车将仍然由当时的管理团队领导。

从卖家的角度看，新兴市场国家的有利资源，例如其国内的市场和低成本，也许和卖家企业的技术具有一样或更多的价值（Gammelt-oft 等，2010）。例如，在中国新一届政府所进行的公车专项治理中，国家机关进行公务车采购招标时，领导用车的中标结果是红旗和沃尔沃。也就是说，沃尔沃因已被当作自主品牌而取代昔日的"霸主"奥迪，和红旗同享官车待遇。[①]

Knoerich（2010）在其关于德中公司并购的文章中探讨了具有悠久产业传统的德国机器制造业为何将公司卖给中国，原因就在于寻求

---

① 沃尔沃终以"自有品牌"享红旗官车待遇.网上车市.2013.10.17.

真正意义上德中公司间的资源互补和协同效应。例如，大多数德国公司占据了研究密集型市场的高端，这很难持续盈利。中国的收购则使德国公司进入到更庞大的低端市场，而中国公司也因此得到新的技术和升级改进的途径。

对技术更新的要求和愿望比起获得更大低端市场的好处来讲，往往会被更多地描述和记载。科诺里奇指出，能够意识到双方对彼此合作的贡献，即了解并进入低成本市场对高端市场的知识技能来讲是一种比较竞争优势，这对被收购的公司而言是一种远见，使它能以更积极的姿态完成收购，并在知识交流中进行合作。科诺里奇提供的实例显示，新兴的跨国公司可以在本国和东道国的环境之间套利，并设立起交互渠道，以便实现互补性资源的转移。

寻求效率

海外投资企业获得效率的途径，通常包括重组和理顺现有的海外经营和业务，例如利用在一个经济区域内的整合或者在国际范围的劳动分工带来效益。发达国家的跨国公司通过对外投资，在全球范围内分布公司的产业链，以实现公司总体效益的最大化。它们已经将其生产销售链条布局到全球每一个有相对优势的地区。

中国的一些企业正在做寻求效率的海外投资。典型的例子是在面对不断提高的劳动力成本时（见图7－5），将工厂转移到劳动力成本相对更低的国家和区域，例如非洲。世界银行的一份报告认为，中国仅仅制造业的转移就足以让低收入和非洲国家的制造业就业机会翻倍。①

人民币（元）

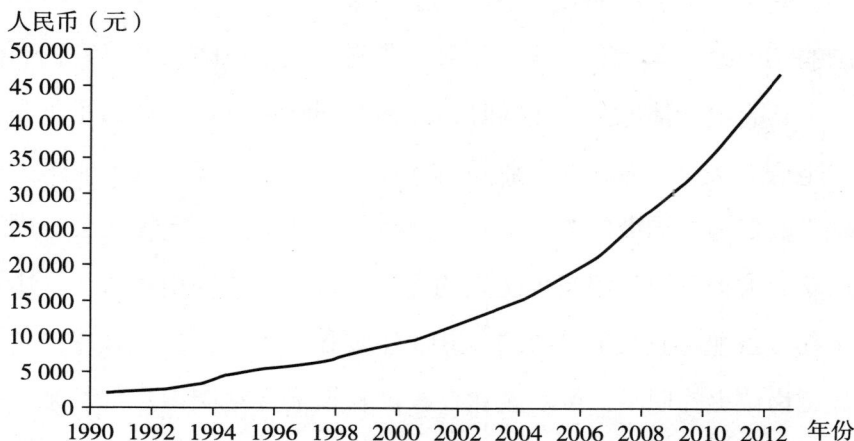

图 7 – 5　我国城镇单位就业人员平均工资（1990～2012 年）

资料来源：《中国统计年鉴》，其中 1990～1994 年为在岗职工平均工资，1995～2012 年为平均工资

其实，中国越来越多的民营企业选择在非洲投资制造业，主要从事以农业产品为基础的轻工业生产，如纺织、制革、食品和木材加工等。过去的二十多年里，这些中国企业在中国沿海蓬勃发展，很大程度上依靠的是农业原材料的支撑。近年来越来越多的公司感到原材料匮乏和价格上涨的压力，不得不在全球范围内寻找原材料。非洲大陆有丰饶的农业和其他自然资源，而且价格低廉，例如埃塞俄比亚充足

---

①　All About Jobs：From Asia to Africa，http：//econ. worldbank. org/WBSITE/EX-TERNAL/EXTDEC/0,，contentMDK：23186672～pagePK：64165401～piPK：64165026～theSitePK：469372，00. html.

优质的棉花、木材和生皮供应对许多企业具有巨大的吸引力（申晓芳，2013）。

这些企业由于产品技术含量低，依赖劳动密集型生产。近年来，中国的劳动力成本大幅上涨，导致企业利润直线下降，迫使它们到海外寻求新的生产基地。与此同时，许多非洲国家失业率居高不下，工资水平低，从而成为这些企业的目标市场。例如，埃塞俄比亚工人的月均工资仅为中国浙江沿海地区的1/5，而且工人可塑性较强。因此中国企业大多采取雇用当地工人的方式，很少从中国引进劳工。中国员工约占当地企业员工总数的1/10，主要担任财会、核心技术、营销等关键岗位上的职务。虽然企业在投产初期需要从国内本部带来一批熟练工人培训当地员工，一旦培训结束中国员工就可回国（申晓芳，2013）。

对大多数中国企业而言，它们在国外的工厂还不够多，还没有产生更多整合带来的效益。

印度有些公司更成熟，国际化的历史更长，水平更高。当贸易的障碍下降时，印度的企业通过建立区域性的生产网络来从事产业调整。印度的IT公司，比如塔塔咨询服务（TCS）和Infosys在中国就建立了重要的全球配置基地。类似地，塔塔汽车收购韩国的大宇商务重卡就帮助建立了一个区域性的生产网络战略。在这个战略下，中小汽车在印度生产，在韩国用大宇的品牌，在大宇的销售店销售；同时，重型卡车在大宇生产，在印度和其他国家通过塔塔的销售店销售，用塔塔的品牌（Rabin 和 Rajan，2010）。

第三部分

中国对外直接投资的方式

CHINA OVERSEAS
INVESTMENT

海外对中国对外直接投资方式的质疑，主要集中在中国的龙头企业，特别是中国的国有企业身上。如在第三章提到的，美国副国务卿霍马茨（Hormats）认为，中国企业，包括中国的国有企业（state – owned enterprises）和国家支持的企业（state – supported enterprises），在中国政府的优惠产业政策的支持下，具备了美国企业所没有的竞争优势。中国企业凭着这些优势在全球市场扩大了市场份额，增强了投资于新技术的能力。这种在所谓″国家资本主义″模式下、在政府产业政策支持下的中国海外投资方式，违背了所谓″竞争中立″原则，导致国际投资的竞技场不再公平。

　　这一部分将首先对霍马茨的文章中对发达国家的产业政策实践以及目前国际竞争环境的实质予以分析；然后聚焦一些具体的质疑和案例，包括中国企业的竞争关系；最后介绍中国国有企业的改革历史和正在启动的新一轮国企改革。

第八章

没有中立的国际竞争

如在前面提到的，美国副国务卿霍马茨在 2011 年 5 月发表的文章
"竞争中立：保证全球竞争的合理基础"（Competition Neutrality：Main-
taining a level playing field between public and private business）中认为，
新兴国家的国有企业和国家支持的企业（state – supported enterprises），
在现代版政府产业政策的支持下，具备了美国私人企业所没有的竞争
优势。新兴企业凭着这些优势在全球市场扩大了市场份额，增加了它
们投资于新技术的能力。这种在所谓国家资本主义模式下新兴国家的
海外投资方式，违背了"竞争中立"原则。这对美国所倡导的自由市
场资本主义造成了威胁。

在霍马茨看来，对付这个威胁的重要手段是在全球推行所谓的

"竞争中立框架"。这个框架的一系列原则，比如税收中立、融资中立和监管中立的原则，会帮助私人企业、国有企业和政府支持的企业在一个"水平的竞技场"上竞争。

"竞争中立"原则原本是用于一个经济体内的、被广泛接受的原则。中国正在进行的市场化改革和国有企业改革也正在朝着让不同所有制企业有一个公平竞争环境的方向迈进（见第十一章对国企改革的讨论）。但"竞争中立"的概念在被搬到不同国家的企业之间的竞争中时，特别是不同发展水平的国家的企业之间的竞争中时，它的合理性和实施的可能性面临严重挑战。

所有发达国家在工业化阶段都曾运用产业政策的手段

正如很多西方学者所指出的那样，国家运用产业政策来支持本国产业和企业的发展，即所谓国家资本主义模式，并不是一个新的现象。

乔·史塔威尔（Joe Studwell）在其 2013 年的新书《亚洲如何发展》中令人信服地阐述到，所有经济上成功的经济体，在它们发展的过程中，都曾借助产业政策的帮助。世界上没有一个国家通过完全的自由贸易和自由竞争迈入高收入国家的行列。新兴国家今天运用的产业政策不是它们自己发明的，而是从发达国家那里学习和传承来的。

在欧美发达国家的工业化过程中，它们的政府都不一而同地采取了各种支持手段，包括对制造业和原材料的特殊补助，国家建立项目以获得外国的技术等。在所有这些措施之上，各个国家都把很多政府的支持集中在一群大企业——垄断和寡头企业——的身上，以使它们能够做大规模投资和在国际上具有竞争力。

英国都铎王朝（Tudor Britain）在 16 世纪首创了保护和补助作为工业化的手段。17 世纪强大的英国东印度公司就是在英国政府特殊优惠政策扶持下发展起来的国家龙头公司（national champion）。美国在 1776 年赢得独立后，相对于当时的英国，还是发展中国家。美国的第一任财政部长汉密尔顿明确提出，要运用产业政策来保护和培育美国的"幼稚产业"。德国的经济政策受到经济学家李斯特和以其为代表的历史学派的深刻影响。这个学派认为，英国的历史显示了取得发展成功的国家不得不运用产业政策来培育自己的制造业。

明治时期的日本在 19 世纪后期从德国的李斯特和他的同事们那里学习了产业政策的精髓，并一直沿用到 20 世纪。在 20 世纪 50 和 60 年代，日本的通产省是其产业政策的总设计师。通产省对它瞄准的关键产业的企业提供税收激励、特殊的折旧规则、政府资助的研究基金和直接的财政补贴。受到资助的产业还可以获得较低的利率、政府优先购买、国内市场免受国际竞争压力和出口国内不需要的产品的激励。日本成功的产业政策的运用，及其在 20 世纪 80 年代在美国的大规模投资，也曾在美国饱受政治争议，其间美国也充斥着诸如日本的对美投资会对美国利益构成"威胁"的舆论（见专栏 8 – 1）。

专栏 8-1 当初的日本威胁论

在整个20世纪80年代，（美国）国会的一些议员和学术界的一些批评家一直在宣扬日本对美国的经济构成威胁。这种观点和互惠问题有一定的联系，主要还是认为日本没有采取公平的贸易竞争方式。虽然各个批评家指出的所谓不公平的具体内容不尽相同，但他们共同的焦点包括：首先，美日贸易和投资并不是在"公平竞争环境"中进行，因为日本企业会从政府那里获得（通常不会明确说明的）"补贴"；其次，日本企业在本国采取了反竞争手段，并通过对美投资将这些手段带到了美国。

在查默斯·约翰逊（Chalmers Johnson）的著作《通产省和日本奇迹》的影响下，70年代末出现一个"日本公司"学派，他们相信日本对外直接投资的背后隐藏着更深一层的阴谋。这种观点认为日本通产省的经济官员和私人企业相互密切合作，在自民党政客的支持下，制定并执行全国性的产业政策，因而造就了日本经济的成功。"日本公司"学派中最极端的观点认为，日本的产业政策包括：由政府"选择成功者和失败者"；在关键产业形成卡特尔并容忍寡头垄断行为；确保低成本银行融资流向特定行业；保护刚刚起步的行业、避免外部竞争直到它们在全球占据优势。对坚信这种观点的人来说，日本人"发展出了一套强有力的、发展迅速的、有目的进行控制的、残酷而自私自利的强大经济力量，而这对美国在经济方面的绝对领导地位构成了根本性的挑战"。

资料来源：Milhaupt（2008）

在 20 世纪 70 年代早期，韩国 46 个最大的工业企业集团（Chaebol）生产了制造业工业增加值的37%，是全部非农行业 GDP 的19%。最大的 5 个 Chaebol 占其制造业增加值的 15%，国有企业占其非农行业 GDP 的 13%。200 个最大的企业占其制造业的一半以上。总统朴正熙和他的部长们与这些企业的总裁们定期见面，亲自监察他们对产业政策的执行情况。

从以上几个国家的经历可以看到，政府的产业政策在它们的经济发展中起到了至关重要的作用。美国学者理查德·雷恩（Richard Le-hne）在其 2012 年的著作《政府与企业》中认为，相对于其他工业化国家而言，真正将美国与其他国家区别开来的独特因素，是美国的政府能力。美国政府在初创阶段所拥有的公共政策组合能力，有效地帮助了美国经济的成长和工业的发展。

新兴企业所进入的国际经济竞技场早已不是公平的竞争市场

英国经济学家彼得·诺兰在其 2012 年的著作《中国在买下世界吗?》中非常深刻地指出，和历史上努力完成工业化的国家一样，新兴国家的企业在进入国际市场时，它们所踏入的竞技场实际上早已不是公平的。在全球化背景下，由于强大的寡头垄断公司的出现，今天的国际竞争的竞技场已经严重倾向发达国家的大企业集团们。

在自 80 年代开始的全球化过程中，西方大型跨国公司通过内生增长和爆炸式并购，建立起了全球生产系统。它们的供应商们，通常也是发达国家的公司，跟随着这些大公司在全球各地也建立起相应的生产系统。于是在此期间，从一个产业到另一个产业，发生了历史上从未有过的产业集中度。在附加值最高、技术最强、品牌最好的全球市场中，那些服务于最具有购买力的中等和高等收入人群的行业中，50%以上的市场份额已集中在极少的几个大跨国公司手里。而在这些大跨国公司所掌控的供应链中，能成为它们供应商的公司的数量也迅速集中。

这也就是说，发达国家的跨国公司和它们供应链上的高端供应商，已经建立起牢固的寡头垄断。这些寡头垄断公司拥有最强的融资能力、研发能力，以及最优秀的人才，这保证它们在技术进步和品牌开发上保持领先的地位。

这就是新兴国家的跨国公司所面对的现实。自21世纪初以来，它们所试图进入的所谓原本"水平的竞技场"（level playing field）早已不水平——几乎每个行业的产业制高点都以历史上前所未有的程度集中在少数强大的、发达国家的跨国公司的手中。

即使在当代，已经领先的发达国家也没有停止运用产业政策

美国哈佛大学经济学教授丹尼·罗瑞克（Dani Rodrik）在他2010年的一篇题为《产业政策的回归》的文章中指出，产业政策从来没有过时。成功的经济体一直都依靠政府的政策来加速经济转型，促进经济增长。美国的创新动力很大程度上来自于它的政府。理查德·雷恩

也认为，美国政府介入产业政策的程度要远远大于通常的看法。美国所追求的是以特定部门为基础的一系列产业政策，他们采用了一长串政策工具：直接补贴，信用资助，政府购买，税收减免，贸易保护，使用非专用的基金和优先管制。

美国学者弗雷德·布洛克（Fred Block）在其2008年的文章《逆流而上：隐蔽的发展主义国家在美国的兴起》中，对美国的产业政策提供了详尽的分析。

在第二次世界大战后的几十年中，为了避免与美国主流社会所推崇的新自由主义思想发生冲突，美国的产业政策被放在五角大楼的国防框架中来实施。通过五角大楼与其他国家安全机构的密切合作，美国政府的拨款和基础设施实际上在其计算机、喷气式飞机、民用核能、激光及生物技术等方面发挥了关键作用，例如互联网的技术障碍的攻克就是在五角大楼的"高级研究规划署"中完成的。理查德·尼尔森（Richard Nelson）在其1984的著作《高技术政策》中也指出，此间在美国，军事采购塑造着产品策略。国防部说服其他政府机构在关键产业中放松对反托拉斯法的执行，以保护重要的美国大公司在国内市场上免于国际竞争；国防部自己也常常向其他国家出售有利于美国大公司的产品。

从20世纪80年代以来，日本的经济实力让美国开始忧虑它的企业在国际竞争中能否胜出。也正是这些忧虑让产业政策进入美国的政治议程。美国联邦政府在20世纪80年代和90年代通过了一系列立法，并设立了众多支持技术研发和商业运用的资助机构。在这些机构中，有些机构起着集中资源攻克事先确认的技术瓶颈的作用；有些机构是给自下而上的创新思想提供资助；有些机构则起着在研发和应用之间，在不同研发团体之间，协调、经纪和建立基础设施的作用。这些高度分散和灵活的政府资助机构形成了一个巨大和高效的网络，在协助美国政府促进技术进步和新技术商业化方面起着重要的作用。这些机构中很多能力卓越的工作人员担当着"公共部门风险投资家"的角色。由于其分散性，这些机构远离公众和媒体的视线。

例如，美国国防部下成立的"半导体制造技术研究联盟"，通过政府与行业的合作，集中资源来解决产业发展的瓶颈。这个项目帮助美国企业夺回了很多市场份额。美国商务部的"高级技术计划署"既资助规模较小、刚刚成立的公司，也资助规模庞大的企业。例如"高级技术计划署"同美国的大型汽车公司和它们的主要供应商共同完成一个多年期研究项目，力图在金属零部件加工精确度上有所突破。另外，也是受政府支持的美国企业在发展平板显示器技术中发挥了关键作用，使平板显示器市场的巨大增长成为可能。

和日本、韩国以非常集中和庞大的官僚机构来公开地实施产业政策不同，美国政府在技术创新中的巨大干预作用处于隐蔽状态。美国国会在"竞争政策"指导下，定期通过立法巩固和扩大美国的发展能力，但很少有公开辩论或讨论。

也就是说，如布洛克清楚地指出的，"尽管美国在公开场合宣称产业政策是错的，因为政府不应该挑选赢家，但是美国政府通过一系列措施建立起了一个分布广泛的系统。通过这个系统，这些政府机构实际上就是在投资潜在的赢家。""'华盛顿共识'不断传递的信息是其他国家必须撤出政府在经济中发挥的积极作用。但是真正的华盛顿政府已经通过它的技术产业政策深深地介入了其商业经济活动的各个环节。"

英国学者玛丽安娜·玛祖凯特（Mariana Mazucato）在她获得诸多奖项、引起经济学界轰动的 2013 年的新书《具有企业家精神的政府》中，也揭示了美国政府在其现代资本主义的发展历史中，不仅扮演了纠正市场失灵的角色，还积极地开创了新市场，引领私人部门随后跟进。美国政府主导的技术产业政策，在帮助美国企业占领国际竞争制高点的角逐中功不可没。欧洲的评论惊叹道，"要过更像美国人那样的生活，欧洲要做美国人实际做的事，而不是美国人说的他们在做什么"。

美国的私人企业也受益于政府的支持

霍马茨的文章把新兴国家的所谓"国家支持的企业"作为美国私人企业的对立面，意思是美国的私人企业是没有政府支持的，他认为是这些新兴"国家支持的企业"扭曲了国际竞争。霍马茨在文章中没有具体定义"国家支持的企业"，但是这个概念也许可以从英国《经济学家》杂志在 2012 年 1 月刊登的一篇题为《宇宙的新主人》① 的文章中找到解释：

①　New Masters of the Universe，Jan 21，2012，The Economist.

"中国的联想喜欢认为自己是私人计算机公司，但是中国社会科学院为它提供了前期资金，中国政府不仅在它在 2004 年以 12.5 亿美金并购 IBM 个人电脑部门时帮助它，并且曾多次反复介入，帮助平滑它的增长……在中国，在政府的帮助下从事经营的国家龙头企业的名单很长，包括中国的汽车公司吉利、电信设备公司华为，以及白色电器海尔。"

但是，美国的私人企业真的没有得到过政府的支持吗？不！实际上这样的例子不胜枚举。例如，布洛克提到，是美国能源部的拨款帮助通用和西屋公司研发了新一代燃气涡轮机。玛祖凯特也揭示了被标榜为美国私人企业标兵的苹果、康柏、英特尔等诸多私人企业都曾得到美国政府的早期资助。苹果的智能手机所依赖的聪明技术，比如互联网、卫星导航、触摸屏，以及近期的声音驱动个人协助，都是由美国政府的资金资助的。苹果的销售也不断得到美国公共部门采购的帮助。她写道，"大多数激进的，具有革命性的，为资本主义充满活力的发展提供燃料的创新，从铁路到互联网，从现代的纳米技术到生物医药，都可以追根溯源到美国政府极有勇气的、早期的、具有企业家精神的资本密集的投资"。

发达国家的产业政策还有其他各种不明显的表现形式

英国《经济学人》杂志在 2013 年 10 月的一篇题为《保护主义可

以采取各种方式，并不是所有的方式是显而易见的》的文章中也揭示到，美国的援外项目是与购买美国产品挂钩的，以刺激美国出口。美国的进出口银行的职能是为购买美国产品的外国买家提供相对便宜的融资。它或者向外国买家提供贷款，或者为他们从私人机构中的借款提供还贷担保。印度购买美国波音飞机就得到了美国进出口银行的资助。美国进出口银行也帮助美国公司在海外争取投资项目合同。

2012 年，美国的进出口银行提供了 310 亿美元便宜的、不受 OECD 规则管制的贷款。这些便宜贷款集中在一些重要产业，包括石油和天然气，矿业和农业设备，农业经营，可再生能源，医疗技术，建筑和电力。而俄罗斯、巴西、印度和中国的进出口银行的贷款总额是 700 亿美元。同年，OECD 国家的进出口银行贷出的，不受 OECD 规则管制的便宜贷款的总额是 1 110 亿美元。

今天的美国政府是世界上最大的风险投资商

2009 年 2 月，美国总统奥巴马签署了《2009 年美国复兴与再投资法》（ARRA），推出了总额为 7 870 亿美元的经济刺激方案。其中，基建和科研、教育、可再生能源及节能项目、医疗信息化、环境保护等成为投资的重点，分别投入 1 200 亿美元、1 059 亿美元、199 亿美元、190 亿美元和 145 亿美元；在 1 200 亿美元的科研（含基建）计划中，新能源和提升能源使用效率占 468 亿美元，生物医学领域的基础性投入占 100 亿美元；20 亿美元追加科研投资则主要分布在航天、海洋和大气领域。

类似地，欧盟委员会也有一项发展"环保型经济"的中期规划，主要内容是欧盟筹措总金额为 1 050 亿欧元的款项，在 2009～2013 年的 5 年时间中，全力打造具有国际水平和全球竞争力的"绿色产业"，将 130 亿欧元用于"绿色能源"，280 亿欧元用于改善水质和提高对废弃物的处理和管理水平，另外 640 亿欧元用于帮助欧盟成员国推动其他环保产业发展、鼓励相关新产品开发、提高技术创新能力并落实各项相关的环保法律和法规。

从以上的分析可以看到，包括美国在内的发达国家的政府，无论在它们过去的"赶超阶段"，还是在现在的"领先阶段"，都在积极运用产业政策对它们的企业以各种方式进行支持、资助和保护。由于与美国在当代公开宣扬的自由市场资本主义理念大相径庭，美国的产业政策通常以隐蔽的方式予以运用。

霍马茨所推行的所谓"竞争中立"原则并不中立，它的本质是遏制新兴国家的发展能力。

发达国家想要维护其经济优势，新兴国家需要实现赶超，其中的利益平衡点应当通过国际贸易和投资协议的谈判来取得。霍马茨提到国际"竞争中立"主题已经涵盖在没有中国参与的 TPP 当中。这种排除新兴国家参与规则制定的做法，以及推行这个没有合理基础的"竞争中立"原则，都会被证明不利于全球经济的合理均衡发展并且会受到严重挑战。

第九章

质疑来源于不了解和保护主义

在对中国对外直接投资方式的质疑和指控中，有不少误解，也有带着面纱的保护主义。这一章将通过对几个问题的澄清，来帮助加强对中国对外直接投资的了解。

中国的所谓优惠融资并不优惠

2005 年，中国海洋石油公司（中海油）在竞购优尼科的艰难过程中，不仅受到来自竞购对手雪佛龙的攻击，而且受到极有影响力的国会议员的非难。雪佛龙声称中海油的竞标不公平，因为它有来自中国政府支持的便宜贷款；两名国会议员在给布什总统的信中也声称，担心美国公司因此会在和中国国有的或控股的能源公司竞争时日益处于困难的境地。从那时起,"便宜贷款"和"无法竞争"似乎已和中国的能源公司画上了等号。

实际上,所谓中国国有企业拿到的贷款便宜,是和中国的其他企业,特别是民营企业相比而言。在中国所有的借款企业中,能源公司应该是信用最好的。中国的资源型国有企业也跻身于中国最大并且最赚钱的公司之列。正如 Downs(2006)指出的,4.05%的国企并购银行融资成本比起中国各银行公布的4.85%的商业贷款利率要"便宜得多"。

但关键问题是,银行贷款往往是最昂贵的融资手段。全球性资源公司都具备成熟的融资技巧,可以压低贷款成本。在加拿大和其他经合组织市场,最有信誉的机构往往能得到比银行的企业平均借贷率低得多的贷款。最能说明问题的是,全球竞标者在为类似的收购进行融资时,通常会得到国际银行给出的相当于伦敦同业拆借利率(LIBOR)+1%的实时利率,远远低于中国各银行收取的4%~5%的利率(Cornish,2012)。

中海油的国际竞标得到了其母公司中国海洋石油总公司为期两年的过渡免息贷款。而《金融时报》仔细研读了交易细则,发现总公司并不是由政府直接出资的。向总公司贷款的三家中国银行均遵循着商业行为,而且合同中有一条,规定总公司在交易结束五年后可要求偿还资金(Cornish,2012)。

事实上,强大成熟的西方企业好像更具备融资方面的优势。从图9-1可以看到,自2008年以来,在美国一轮又一轮的量化宽松政策的背景下,中国国有企业的融资成本已处于极端劣势的地位。

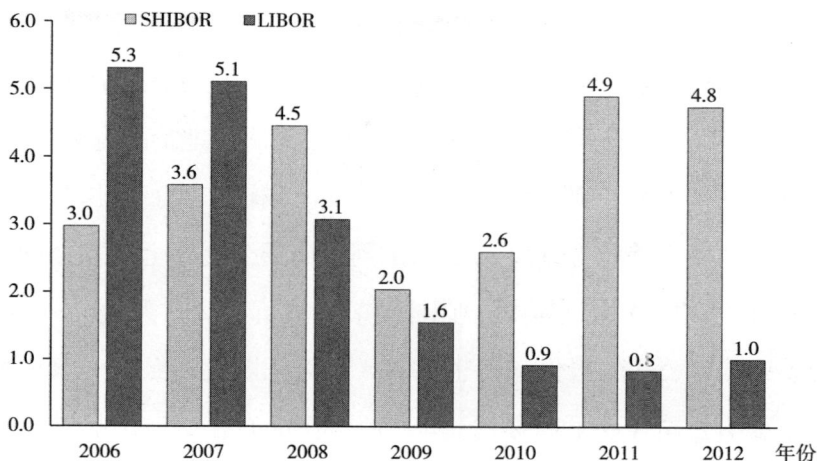

图 9 - 1　SHIBOR 与 LIBOR 的对比
注：SHIBOR 只从 2006 年 10 月开始。
资料来源：SHIBOR 来自 shibor. org，LIBOR 来自 global - rates. com

中国企业之间的竞争极为激烈

虽然政府在中国经济发展中起着重要的作用，但中国企业之间的竞争仍极为激烈。

央企之间的竞争两败俱伤①

中国国有企业之间的竞争极为激烈。它们之间的竞争方式往往不

① 央企海外矛盾尖锐：北车状告南车阿根廷削价竞争 . 21 世纪经济报道 . 2013. 6. 8.

是成熟的市场运作。它们会不计成本地杀价，为了打败对方，甚至不择手段，不顾后果，结果往往是两败俱伤。在国外竞购资产时，公司与公司间，同一家公司的子公司之间，都会无底线地抬高竞价。

2012 年下半年，阿根廷宣布将购买一批城轨车辆。中国北车股份有限公司（以下简称"北车"）、法国阿尔斯通公司等七八家公司均向阿方报价，参与竞标。其中，中国北车的报价为 230 万美元一辆车，其他多家国际公司的报价每辆也在 200 万美元以上。但另一家央企中国南车集团公司（以下简称"南车"）却在没有在机电产品进出口协会进行报价申报备案的情况下，突然自行与阿方沟通，以 127 万美元一辆的低价，从阿政府获得了 409 辆车、价值共 5.14 亿美元的合同。

2013 年年初，由于南车在以上项目中的价格远远低于其他中国同类项目，阿根廷方面认为中方其他企业的报价不严肃，请中方做出解释，并表示暂停中方其他公司已签约项目进程。这些项目包括：中信建设在阿根廷已签约的布市 A 线地铁项目，价值约 5 亿美元；中国机械设备进出口总公司价值 20 亿美元的贝尔格拉诺北线项目；陕西煤业集团所跟进的价值 5 亿 ~6 亿美元的贝尔格拉诺南线项目。也就是说，有价值 30 亿美元的项目受此牵连。

中国北车表示：中国企业在阿根廷发生的事件是一个"悲剧"，这种损失不仅是经济上的，而且对整个阿根廷市场造成影响，对其他国家也会带来严重的负面影响。中信建设表示：该公司开拓阿根廷市场近 10 年，投入大量人力物力，形成了比较合理的价格体系，但南车的做法对此造成严重冲击，不但未按规定和程序在商会备案、接受协调，而且报价非常低。阿方目前整体对中国轨道交通装备价格不信任，后果非常严重。在机电产品进出口协会试图协调后，南车于 2013 年 5 月 23 日又签署了约 3.5 亿美元阿根廷动车组合同。此次南车的报价更低，为每辆 105 万美元。

"杀价是激烈竞争着的国有企业的重要策略。对于提供高质量的服务，这不是可持续的策略，这会限制中国企业国际化的潜能。"（Hsueh，2012）相反，日本公司在中国购买资产时，虽会有不止一家公司参与，但谈价格时只会有一家公司出面。①

央企与地方国有企业之间的竞争关系

央企与地方国有企业之间的竞争关系有时达到激化的地步。例如，2012 年 4 月，陕西地方电力集团公司和国家电网陕西省分公司之间因为利益冲突甚至发生武斗。② 陕西地电和国家电网的矛盾与陕西地电拒绝"上划"到国家电网有关。1998 年以来，国家电网公司开始对地方电力的整合，很多地方电力公司已经由国家电网实际控制，但陕西地电则一直坚持拒绝"上划"到国家电网公司的盘子当中。陕西地电为自己的选择付出了代价。陕西此后的电厂项目审批受阻，造成陕西当地的用电紧张，而在向国家电网公司申请增加供电时也遇到了

---

① 周放生．财新访谈．2012（47）.
② 陕西地电和国家电网为争夺供电地盘发生武斗．中国经营报．2012.5.6.

障碍，这让双方的矛盾日益加剧，并导致了 2008 年双方的武斗。而此后，陕西地电希望与另一家地电公司内蒙古电力有限公司合作，建设电网将蒙西的电引入陕西，两家电力企业就此达成了一致。但这条线路势必要跨过国家电网公司的线路，而国家电网公司以安全为由拒绝陕西地电建设该条线路。最终，陕西地电欲强行建设，导致 4 月 25 日双方发生武斗。

国有企业与民营企业之间展开竞争

中联重科和三一重工都是中国工程机械行业的龙头上市企业。它们之间的最大区别是股东背景。中联重科是地方国有企业，湖南省国资委是其第一大股东。三一重工是民营企业，董事长梁稳根是控股股东。中联重科成立于 1992 年，成立 20 年来，年均复合增长率超过 65%，是全球增长最为迅速的工程机械企业之一。三一重工成立于 1994 年，每年以 50% 以上的速度增长。2011 年 7 月，三一重工首次入围 FT 全球 500 强，成为唯一上榜的中国机械企业。

2007 年 11 月，当意大利的全球第三大混凝土机械公司 CIFA 启动股权出售的公开竞标时，中联重科和三一重工同时在 2008 年 1 月竞标。结果中联重科联手高盛等竞标成功。事后中联重科董事长承认虽然此次竞标时机不太好，但是绝不能让 CIFA 落到竞争对手手中。

2011 年 12 月，当全球混凝土机械第一品牌德国普茨迈斯特公司（Putzmeister）寻求买家时，中联重科和三一重工都收到竞标邀请。虽然中联重科是唯一拿到国家发改委批准可以参与竞购的公司，三一重工却在短短 33 天内联合中信产业基金闪电般成功并购了普茨迈斯特公司。①

美国应该欢迎华为的竞争

中国的民营企业华为在竞争极其激烈的市场上所取得的成功，引起美国等一些国家的担心。因为所谓的"安全问题"，华为在美国收购 3Com、竞购摩托罗拉无线网络部门、竞购 2Wire 中皆失利。2010 年 5 月，华为以 200 万美元收购美国服务器技术研发公司 3Leaf 的部分资产，包括购买服务器和专利，以及聘请 3Leaf 的 15 名员工。但在 CFIUS 的建议下，华为不得不撤回"收购 3Leaf 特定资产交易"的申请。华为副董事长胡厚崑在公司网站上发表了公开信，对 3Leaf 事件以及华为公司的基本情况进行说明。对美国政府关于华为进入美国电信市场后带来的所谓国家安全带来隐患的担心，包括"与 PLA 有密切联系"、"知识产权纠纷"、"中国政府财务支持"、"对美国国家安全造成威胁"等，华为也做出了详细回应（信件全文见本书附录 2）。

2012 年 8 月，英国《经济学人》杂志专门撰文"谁担忧华为?"。文章写道：

----

① 海外并购路条之争：中联重科发难三一重工. 21 世纪经济报道. 2012. 2. 15.

在电信行业，对安全有所担忧是合理的……应该加强对所有人，不仅仅是华为的审查……政府应该对电信企业要符合什么样的条件才能赢得生意做出非常清楚的说明，这是美国的秘密的安全审查过程现在没有做到的……但是禁止华为参与商业合同的竞标是错误的，有两个原因：一个原因是，来自中国的总体竞争，特别是来自华为的竞争所带来的经济效益是巨大的。这些竞争促进增长，因而改善生活。华为便宜的但是高效的设备，使得非洲的移动电信革命成为可能。另一个原因是，那些华为的外国竞争者很奇怪的忘记的"小秘密"：现在基本上所有人都在中国制造电信设备。中国的设备制造和设计已经成为全球电信供应链的一个有机组成部分。阻止华为（或者它的竞争对手，中国的电信巨头中兴），但是允许阿尔卡特 – 朗讯（Alcatel – Lucent）或者爱立信（Ericsson）等电信企业的零件安装在网络上，也许会让政客们感觉好些。但这并不保证安全。华为的竞争者们出于自身的利益会把对安全的担忧夸大，但同时掩盖他们自己对中国供应商和补贴的依赖。

英国《金融时报》专栏作家约翰·加普也于 2012 年 10 月 12 日撰文"美国应向华为敞开大门"。他指出，要求禁止华为和中兴获得美国合同以及与美国公司合并的，是仍活在过去的美国众议院情报委员会。将电信业视为像国防业那样的受保护的战略产业，是 20 年前的做法；现在是时候做出改变了。华为自成立以来，已经深深嵌入了全球商业和电信的网络。华为为多家西方电信运营商提供设备，例如英国电信（British Telecom），同时也大量购买西方生产的设备，用于其在世界各国修建的电信系统之中。IBM 是华为最重要的美国伙伴之一，自 1997 年以来一直和华为密切合作，购买华为的设备。波士顿咨询集团（Boston Consulting Group）、普华永道（Price Waterhouse）、美世咨询公司（Mercer Group）和合益集团（Hay Group）等其他西方大公司，也在华为成为全球性企业的过程中助了一臂之力。

上海中欧国际工商学院（China Europe International Business School）副院长约翰·奎尔奇（John Quelch）说："华为与中兴代表着一种新现象：一个前第三世界国家在提供第一世界的技术。对此，美国企业在心理上很难接受。"

让市场在资源配置中起决定性作用

2013 年 11 月召开的中国共产党第十八届三中全会所做出的《中共中央关于全面深化改革的若干重大问题的决定》，掀开了中国市场化改革，包括国有企业改革新的一页。该《决定》指出，经济体制改革是全面深化改革的重点，核心问题是处理好政府和市场的关系，使市场在资源配置中起决定性作用，同时更好地发挥政府的作用。市场决定资源配置是市场经济的一般规律，健全社会主义市场经济体制必须遵循这条规律，着力解决市场体系不完善、政府干预过多和监管不到位问题。

自从 2013 年"两会"以来，新一届政府的重要举措是推进行政管理体制改革。通过简政放权，为各类企业创造公平竞争的环境，至今已取消和下放的行政审批事项已达 221 项，占目前 1 700 项需要审批事项的 13%。李克强总理承诺将在本届政府任期内取消 1/3 需要审批的事项。

2013 年 8 月，中国政府正式批准设立上海自由贸易区。2013 年 9 月，上海自由贸易区正式挂牌成立。上海自由贸易区旨在探索中国对外开放的新模式，将在政府职能转变、金融制度、贸易服务、投资开放和税收政策等方面建立一套与国际接轨的、新的制度体系。例如，在政府职能转变方面，探索建立与国际高标准投资和贸易规则体系相适应的行政管理体系，推进政府管理由注重事先审批转为注重事中、事后监管。深化金融领域开放创新。在金融制度创新方面，推动金融服务业对民营资本和外资金融机构全面开放，先行先试人民币资本项目开放，逐步实现可自由兑换。在贸易服务方面深化国际贸易结算中心试点，鼓励企业统筹开展国际国内贸易。在投资方面，扩大在金融、航运、商贸、文化等服务领域的投资开放，建立负面清单管理模式，改革境外投资管理方式，支持试验区内各类投资主体开展境外投资。①

---

① 国务院《中国（上海）自由贸易试验区总体方案》，国发〔2013〕38 号。

第十章

国有企业的一系列改革

国有企业改革是一个世界性难题。在过去 30 多年里，中国的国有企业经历了一系列艰难的改革，包括破产、重组、兼并、上市等。从 1986 年第一家国有企业沈阳爆破厂破产，到 2006 年第一家国有企业中交集团在香港交易所整体上市，中国的国有企业经历了深刻的变化。①

国有企业改革有明显成效

我国国有企业变化的核心是管理体制和经营方式的变化。在 20 世

---

① 笔者在本章对国有企业改革的介绍是描述性的，不代表笔者认为国有企业的改革已经充分到位。

纪80年代初，中国的国有企业还是政府机构的附属物。政府部门直接插手企业经营管理，企业生产什么产品、生产多少、卖给谁、按什么价格卖，都要上报主管部门进行决定。国企员工的工作是铁饭碗，亏损的企业依然给员工涨工资。

在80年代到90年代期间，通过扩权让利、实行经营承包责任制等措施，国有企业实现了所有权与经营权的初步分离。在2000年前后，国有企业的政府主管部门，包括国家机械工业局、国家石油和化学工业局等9个国家局被正式撤销。轻工部、纺织部等改为行业协会，只管行业不管企业。当时改革的阻力之大，可以从时任总理朱镕基在1998年的一句话中体现出来："我抱着粉身碎骨的决心来干这件事！"①

在1998年到2006年的8年中，通过对经营不善的国有企业实行破产、重组、兼并，主营业务收入达到500万元及以上的国有和国有控股工业企业的数量由6.47万个减少到2.61万个，下降了59%；从业人员从3 748万人下降到2010年的1 822万人，总量减少了一半（绍宁，2007）。通过对"抓大放小"政策的实施，国有经济从中小企业中主动退出。通过改组、联合、兼并、租赁、承包经营和股份合作制等多种形式，中小企业实现私有化。

2003年，国家和省、市三级国有资产监督管理委员会（国资委）成立（组织结构见图10–1）。国资委负责管理非金融业的大型

---

① 冯启若. 朱镕基闯两大雷区：一是国企改革一是机构改革. 南方周末. 2003. 3. 8.

国有企业，银行、保险、证券公司等国有企业分别归属其行业监督委员会。

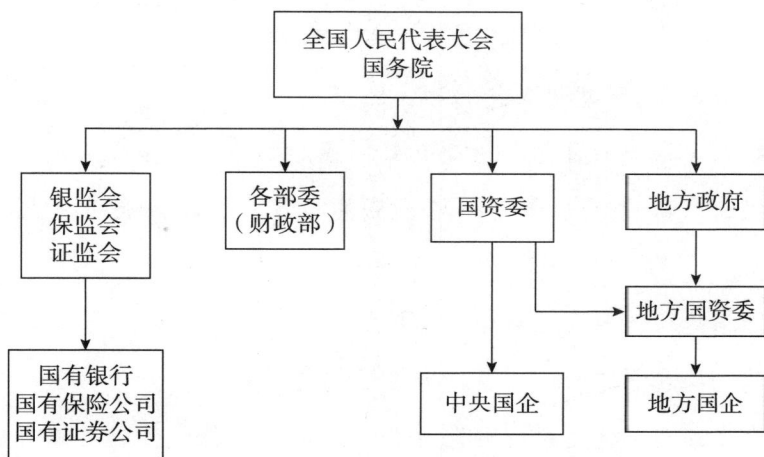

图 10 – 1　国务院国有资产监督管理委员会组织结构

2006 年，国资委制定了《关于推进国有资本调整和国有企业重组的指导意见》，要求国有企业或者增加竞争力，做到行业前三，或者被兼并重组。明确央企将从当时的 155 家减少到 80 ~ 100 家。目前，央企户数已减至 112 家。①

同年，国资委选取了 11 个中央企业，开展董事会试点工作。在试点的董事会中，外部董事的人数超过半数，外部董事是国资委从社会包括国外选聘的行业专家（见专栏 10 – 1 的讨论）。外部董事不在企业担任其他职务，以避免董事会与经理层高度重合。截至目前，建设

---

① 国资去哪儿？. 中国企业家 . 2014. 3. 7.

规范董事会试点的中央企业达到 58 家，约占中央企业总数的一半。[①]

迄今为止，大约有 260 家国有企业在海外上市，[②] 953 家在 A 股上市。[③] 有些国有企业成为面向全球的国际化实践者（见专栏10－2）。

专栏 10－1　新型董事会

新型董事会的目标之一是有效制衡。如今，董事会否决、延缓或者经过多次审议才通过一项投资的情况，在试点企业已经屡见不鲜。

神华集团董事会在讨论收购东南亚某国一家电厂项目时，外部董事认为项目面临社会风险，否决了收购议案。

中海油在对优尼科的并购过程中，因为一位海外独立董事的疑虑而错过了第一个提案的最后期限。在这位董事得到更充分的信息和确信这起收购的价值后，中海油才又提出第二个并购提案（周明舰等，2009）。

"这标志着一种制衡关系的建立，以外部董事为主的董事会，不再是看一个人的眼色说话，围着一个人发表意见，而是跳脱企业内部关系的牵绊，真正独立发表意见。"国资委副主任邵宁说。[④]

---

① 国资去哪儿？. 中国企业家 . 2014. 3. 7.

② Wind.

③ 彭华岗 . 新国企，新起点 . 人民日报 . 2013. 4. 15 – 4. 18.

④ 同上。

专栏 10 - 2　中远集团："唯一的目标是盈利"

中国远洋集团（China Ocean Shipping Co.，简称"中远"）是一家中央国有企业。20 世纪 90 年代，在美国媒体上几乎找不到对中远的正面评价。21 世纪初，当中远有意收购美国洛杉矶长滩市一个废弃的军用码头时，美国舆论界一片哗然，各种质疑的声音此起彼伏：中远是"中国解放军的桥头堡"，中远是共产党的"间谍基地"……2001 年 6 月，中远董事长魏家福接受了《华盛顿时报》的采访，以下是来自《华盛顿时报》的访谈报道：

"魏先生反复否认了关于中国的军队对他的公司的内部运营或全球商业战略有任何影响。他说，中国的国有企业，很多是国有控股的，一直在中央政府的压力下要变得更有效率。公司和政府的唯一关系，是股东关系。我们的股东希望我们成为以市场为导向的公司。我们从我们的董事会得到的唯一指令是挣钱盈利。"

2001 年 7 月，中远终于获得批准在长滩成立组建由中远控股的合资公司。

2004 年 3 月，美国南加州长滩港港务委员会举行隆重仪式，为中远董事长魏家福颁发"荣誉领航人奖"（Honorary Port Pilot Award）。"荣誉领航人奖"是长滩港颁发的最高奖项，专为在政府、企业及运输业做出杰出贡献的领导者设立。长滩港委员会主席约翰·汉考克（John Hancock）在颁奖时称，将第 72 个荣誉领航人奖授予中远集团董事长魏家福，是为了表彰其为长滩港的繁荣及促进美中贸易乃至世界贸易所做出的突出贡献。2009 年 10 月，美国众议院通过决议，表彰中远集团对美国经济发展及就业所做出的卓越贡献，并称赞魏家福是美国人民心中真正的"民间大使"。

经过一系列改革的国有企业，在经营效率提高的同时，其销售收入占全部工业销售收入的比重，从 20 世纪末的 50% 以上降至目前的 27%。[①] 国企的工业产值和民营企业相比增长缓慢（见图 10-2）。从 1999 年到 2011 年，国有企业的工业产值增长了约 6 倍，而民营企业的工业产值增长了 78 倍。在出口的份额中，国有企业逐年下降，从 2000 年的 47% 下降到 2012 年的 13%，民营企业从 2000 年的 5% 上升到 2012 年的 38%（见图 10-3）。

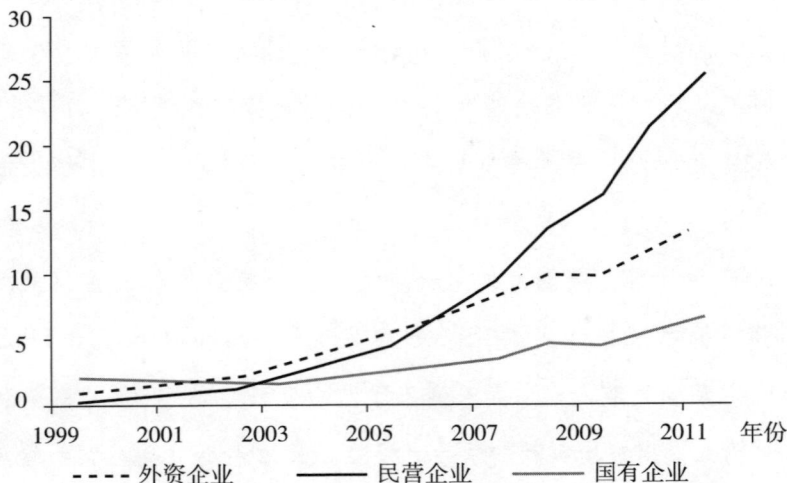

30
25
20
15
10
5
0

1999   2001   2003   2005   2007   2009   2011   年份

------ 外资企业   —— 民营企业   —— 国有企业

图 10-2 工业产值（万亿元）

---

① 彭华岗. 新国企，新起点. 人民日报. 2013. 4. 15 - 4. 18.

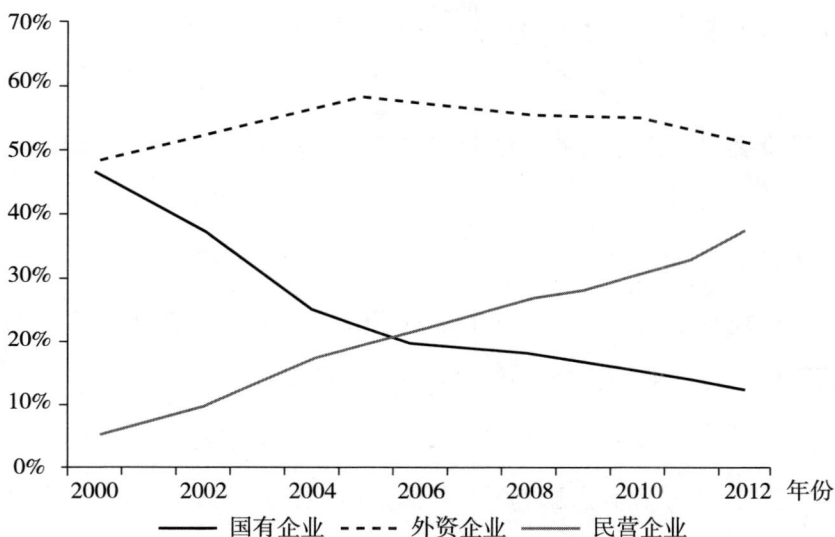

图 10 - 3　中国的出口

资料来源：SOEs are important, But Let's not Exaggerate. Nicholas Borst. November 21st, 2011 Peterson Institute，作者有更新

国资委努力履行出资人职责

国资委是受国务院委托依法履行出资人职责的机构（国有企业的实际股东是财政部）。国资委作为出资人代表，不直接插手企业生产经营活动，而是通过建立一套业绩与奖惩紧密挂钩的考核体系，促进国有企业提高生产经营效率。在主营业务范围内，国有企业自主决定经营活动。"例如，国有化工企业投资一个化工项目，不管投资规模多大，都可以由企业自己做主，但它要做非主业投资，比如要造飞机，

必须经过国资委同意。"①

国资委对中央企业的业绩考核制度——从做大做强到做优做强②

2003 年 3 月，国务院国有资产监督管理委员会成立。从次年开始，国资委对中央企业负责人的经营业绩分别进行年度考核和每隔三年的任期考核。业绩考核制度经历了三个阶段：

第一阶段：2004 ~ 2006 年。此间考核的重点是引导企业做大做强。年度考核的基本指标包括利润总额和净资产收益率两个效率指标；任期考核的基本指标包括销售收入等规模要求，同时还有国有资产保值增值率。考核的目的是督促央企尽快提高规模和效率，以应对经济全球化的竞争形势。

第二阶段：2007 ~ 2009 年。在做大做强要求的基础上，考核内容开始增加可持续发展、科技投入等指标。这是鉴于央企在第一阶段暴露出为追求规模和短期经济效益，对可持续发展不重视导致业绩下滑的情况。

第三阶段：2010 ~ 2012 年。这个阶段的重点从做大做强改为做强做优，即要求企业提高价值创造能力，合理利用资源，提升投资效率。这一阶段对考核指标做了大的修订，取消了净资产收益率（ROE），

---

① 彭华岗 . 新国企，新起点 . 人民日报 . 2013. 4. 15 – 4. 18.
② 国资委刘南昌：央企考核再演进 . 财新网 . 2013. 11. 26.

增加了经济增加值（EVA）；取消了销售收入，增加了总资产周转率。

经济增加值是税后净利润减去资本成本。资本成本包括生产经营消耗、债务资本成本或银行贷款利息，还有权益资本成本，即股东所要求的最低回报。中央企业资本成本率原则上定为5.5%，承担国家政策性任务较重且资产通用性较差的企业，资本成本率定为4.1%。资产负债率在75%以上的工业企业和80%以上的非工业企业，资本成本率上浮0.5个百分点。资本成本率确定后，三年保持不变。为鼓励加强研发，在计算经济增加值时，企业的研发费用被算作利润。①

央企负责人的薪酬制度——与业绩挂钩

央企负责人的薪酬分基本薪酬和绩效薪酬两部分，占比是4：6。基本薪酬主要根据企业规模、历史情况、地区和行业工资水平等来确定，一般基本薪酬不高；绩效薪酬根据目标完成情况确定。考核结果划分为5个等级，A级企业绩效薪酬是基础薪酬的2~3倍；B级企业是1.5~2倍，C级企业则是1~1.5倍，D级企业为0~1倍，E级企业则没有绩效薪酬。

例如，20万元/年的基础薪酬，最高可获60万元的绩效薪酬，但绩效薪酬不在当期付清，要留40%到任期结束，从2013年开始改为

---

① 郝洪，杨令飞．国资委经济增加值（EVA）考核指标解读．国际石油经济．2012.4.

30%。如果任期结束各项考核指标都在 C 级以上，则全部支付，C 级以下则按一定比例扣掉。

国资委的业绩考核在组织部门的综合评分中占 50% 的权重，组织部门的评价标准包括德、能、诚、绩、廉等，而国资委的业绩考核重点是绩效。

第十一章

国有企业改革还在继续

中国的市场化改革，包括对国有企业的改革，仍在进行当中。正如罗纳德·科斯所说的那样，建立一个市场需要长期的奋斗，充满着意外和不确定性。[①]

国有企业存在的问题

垄断　中国的很多国有企业，例如石油、电信、金融和电力等

---

①　摘自罗纳德·科斯为《衍生品不是个坏孩子》（桑德尔著）所做的序"市场是一种社会制度"，东方出版社，2013。

领域的企业，还具有垄断地位。中国应当加大反垄断的力度，以为社会各个主体，包括公有和非公有制企业，努力创造公平的、充分竞争的市场环境。图 11 - 1 显示了国有工业企业在不同行业的销售占比。

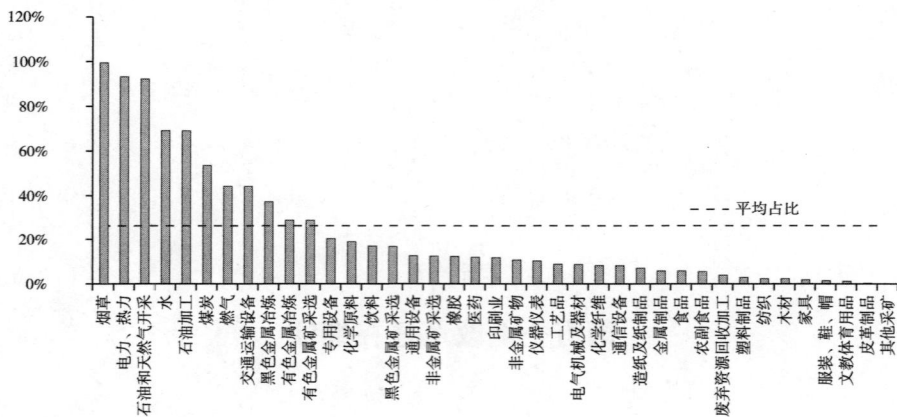

图 11 - 1 2011 年国有工业企业销售产值占比
资料来源：国家统计局

大而不强　很多国有企业还是低效的、冗员问题严重的、不成熟的市场参与者。112 家央企虽然有不少已进入世界 500 强的行列，但与国际领先企业相比，在资产收益率、资金周转率、人均利润率等具体指标上差距明显。① 如在第六章的讨论中提到的，虽然 2012 年中国企业 500 强的营业收入、资产总额、入围门槛的增速都高于美国企业 500 强，但利润增幅却连续三年低于美国企业 500 强，其中 2011 年中

_____

① 彭华岗．新国企，新起点．人民日报．2013. 4. 15 - 4. 18.

国企业 500 强的净利润和人均营业收入分别只有美国企业 500 强的 39.5% 和 50%。

管理体制落后　中国在股权多元化、管理层的激励机制、员工的激励机制，以及风险管控等问题上，还有很长的路要走。[①]

国企的很多管理层不愿担当风险。宁愿不做事，少做事，也不愿冒可能犯错误的风险。例如，当中国的非洲发展基金积极促进中国的电信企业获取非洲的电信营业执照时，国内的相关央企却缺乏动力和积极的反应。现在这些执照已经没有了。[②]　一位投资银行负责海外并购业务的高管说，"国企决策慢、层级多、关系复杂，往往是花了很多时间，却什么都做不成。民营企业的决策很快，它们都有很明确的目标。"

春晖投资管理有限公司董事长汪大总也表达了类似的观点："对于国企主要领导的考核机制，也造成了走出去的动力不足。走出去是有风险的，有可能亏损，就是说国有资产有可能流失，而这是国企领导的大忌。谁愿去担这个责任呢？"[③]　在国际化进程中，国有企业相对于民营企业对待风险的态度更加谨慎，而民营企业更倾向于采取跨越式的国际化战略，海外投资步伐较大。[④]

---

① 王东明. 改革要从制度开放开始. 三亚财经国际论坛. 2012.

② 作者访谈。

③ 在 2013（第四届）全球汽车论坛"中国车企，国门外的机会与挑战"专题讨论上的发言。

④ 中国贸易促进委员会，2012.

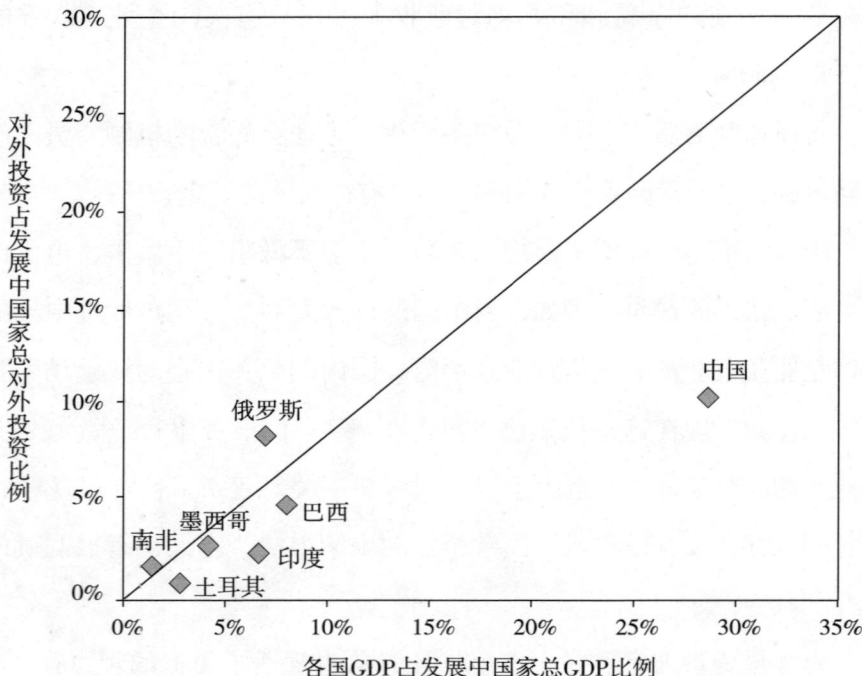

图 11 - 2　中国的海外直接投资和其他新兴市场相比不够活跃
资料来源：商务部，中国对外直接投资统计公报

另外，也有一些中央企业把海外投资并购当作"政绩工程"来追求，存在好大喜功和盲目并购的行为，使得这些企业的海外并购成为其沉重的负担（刘文炳，2011）。中国海外投资的一个显著特点是人才的缺乏，应尽快建立一个广纳人才、人尽其长的、灵活的用人机制。①

上缴红利低　虽然从 2007 年起国有企业开始上缴红利，但与国际惯例相比，中国国有企业向国家分红的比例仍然处于较低水平。从 2011

① 高西庆. 中资企业海外投资临四大挑战. http：//www. sina. com. cn. 2012. 1. 29.

年起，三类央企的红利收取比例为：资源型企业（如烟草、石油石化、电力、电信、煤炭等）征收比例为15%，一般竞争性企业（如钢铁、运输、电子、贸易、施工等）征收比例为10%，军工企业、转制科研院所企业从原来暂不上缴上调至5%。[①] 提高国有企业的分红比例并且将红利提交到财政部（或者社保）而不是国资委，也是需要的改革。

国资委需要改革

国资委的职能是代表国家管理和保障国资国企的发展，它们在努力成为真正意义上的国企大股东。但是目前各级国资委的人员知识结构不合理，一部分人员没有企业工作经验，甚至有人并不曾从事过经济工作。另外，国资委的内部机制比传统的国有企业还要僵化。人员的流动性很差，只能进不能出，人员只能上很难下。国资委也没有外部制衡的机制（邵宁，2007）。

国资委对央企的考核还需要细化和改进，比如承担公益任务的地铁和竞争领域的制造企业使用同一标准考核。

央企不是为国家战略服务的一致行动人

在第三章提到的，国外有些质疑认为中国的国有企业是在国资委

[①]　曾涛. 加大国企红利上缴是收入分配改革重要一环. 人民网 – 财经频道. 2012. 10. 26.

一根指挥棒下，为国家战略服务的一致行动人，而不是一个个相互独立的商业实体。

实际上，国资委还是一个由诸多部门的人员组成的机构。人员来自中央各部委机构，国资委所行使的职能是对央企制定适用于所有企业的业绩标准。不介入每个企业层面的具体经营，也没有义务介入。另见专栏 11–1 的讨论。

专栏 11–1　中国企业不是一致行动人

2008~2009 年中铝收购力拓的失败案例尽人皆知。有各种原因导致其最终失败，其中中国政府的"不一致"行动恐怕也是原因之一。

首先，中国政府在 2008 年 11 月高调推出 4 万亿元的经济刺激计划。而此时正值力拓因大宗原材料商品价格大幅下跌和债务缠身而身处困境，需要中铝帮助。双方于 2009 年 2 月 2 日正式公开确认谈判，2 月 12 日正式签署中铝向力拓注资 195 亿美元的战略合作协议。

但是自从中国宣布了 4 万亿元的救市计划后，铁矿石价格一路飙升，这对中铝与力拓的谈判没有帮助。另外，2009 年 2 月 17 日，中铝董事长肖亚庆调任国务院办公厅副秘书长。在谈判的关键时刻调走并购案的掌舵人对中铝收购案也没有帮助。相反，澳大利亚外商投资评估委员会在 2009 年 3 月将此交易的审议期限延长 90 天的决定却帮了力拓的大忙：在这 3 个月内，铁矿石价格不断回升，力拓

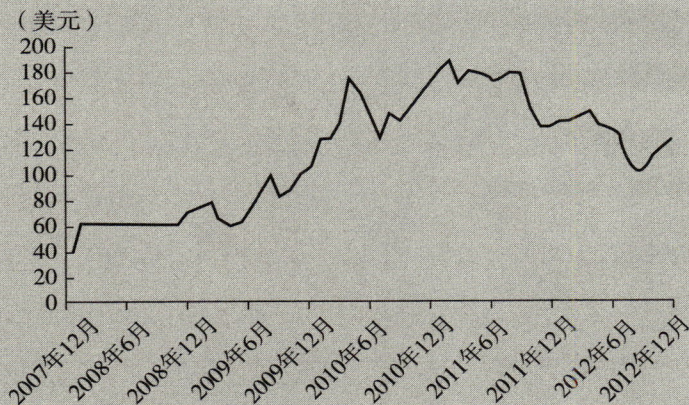

图 11–3　中国进口 62％铁矿石价格（CFR 天津港）
资料来源：TSI 钢铁指数公司

的股价也大涨 50％。力拓在 2009 年 6 月 5 日宣布撤销其与中铝于 2 月签署的战略协议。

在谈判正酣，澳大利亚政府面临巨大审批压力的同时，中国另外几家公司也在同时竞购澳大利亚的公司，包括央企中国五矿集团竞购 OZ Minerals，民营公司华菱集团谈判注资入股澳大利亚第三大铁矿石生产商 Fortescue Metals Group。这让熟悉国际并购的业内人士都感到惊讶：中国政府为何不能通过某种协调手段，让五矿、华菱暂且推迟他们的交易？这简直像一场 没有指挥的大合唱。①

禁止可口可乐收购汇源。2009 年 3 月 18 日中国商务部否决了可口可乐收购汇源果汁生产商的交易申请，表示此举将损害国内较

---

① 赵剑飞. 中国海外收购：没有指挥的大合唱. 2009. 2. 24.

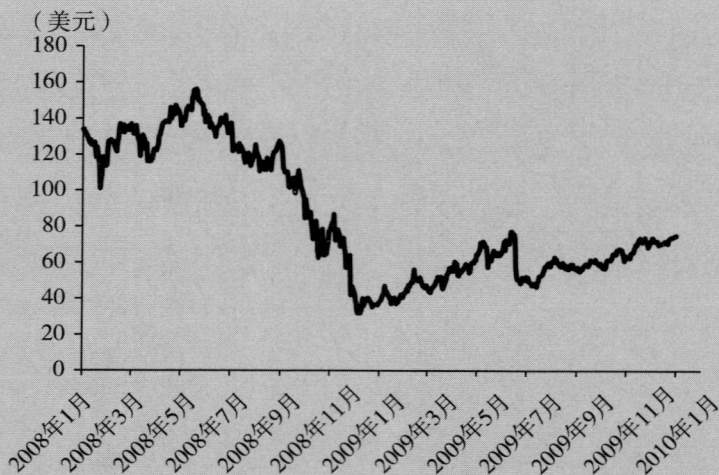

图 11－4　力拓收盘价

资料来源：雅虎财经

小企业，并限制消费者的选择。澳大利亚的政客 Barneby Joyce 正在牵头一项以国家利益为由阻止中铝投资力拓的行动。他表示，中国的否决"受人欢迎"，令其"有力量表达我的信念"。他告诉《金融时报》："澳大利亚人正在表达的情绪，与中国人否决可口可乐交易所表达的情绪一致"。①

地方国有企业改革相对落后

与国资委对中央国企的改革相比，中国的地方国企改革相对落

———————————

① 金融时报，2009. 3. 19.

后。地方国有资产的管理模式也千差万别，优质扩张与效率低下并存。地方国有企业与地方政府的关系紧密，其目标局限于服务地方利益。地方政府常常在对其地方国企有种种保护主义措施的同时，也给地方国企添加政策性负担。地方政府依靠地方国企对地方的 GDP 增长、就业和税收有贡献，但对地方企业管理和经营体制的改革措施远不到位。

新一轮改革——发展混合所有制经济

在 2013 年 11 月召开的中国共产党第十八届三中全会上通过的《中共中央关于全面深化改革若干重大问题的决定》（以下简称《决定》）中，国有企业改革是重点改革任务之一。其主要内容包括：发展混合所有制，完善国有资产管理体制，完善现代企业制度，以及完善国有资本经营预算制度。

发展混合所有制经济是新一轮国企改革的重头戏，这是指允许更多国有经济和其他所有制经济发展成为混合所有制经济；国有资本投资项目允许非国有资本参股；允许混合所有制经济实行企业员工持股，形成资本所有者和劳动者利益共同体。

完善国有资产管理体制是指将以管资本为主加强国有资产监管，改革国有资本授权经营体制，组建若干国有资本运营公司，支持有条件的国有企业改组为国有资本投资公司。

完善现代企业制度包括加快建立规范董事会，进一步健全协调运转、有效制衡的公司治理结构，深化企业内部管理人员能上能下、员工能进能出、收入能增能减的制度改革，形成更加市场化的经营机制，提高国有企业的活力和竞争力。① 《决定》指出，要建立长效激励约束机制，强化国有企业经营投资责任追究。探索推进国有企业财务预算等重大信息公开。国有企业要合理增加市场化选聘比例，合理确定并严格规范国有企业管理人员薪酬水平、职务待遇、职务消费、业务消费。②

完善国有资本经营预算制度包括划转部分国有资本，充实社会保障基金。完善国有资本经营预算制度，提高国有资本收益上缴公共财政比例，2020 年提高到 30%，更多用于保障和改善民生。③

目前，国有企业和国有资产管理体制改革的总体思路正在中央全面深化改革领导小组的下设机构"经济体制和生态文明体制改革专项小组"的领导下研究制定。④ 参与研究的有多个部委，包括财政部、发改委、国资委、人社部等。改革中的焦点问题，包括民营资本能够在新的企业中占有多大的股份，高管如何持股，以及如何组建国有资本投资运营公司（例如是将现有央企集团"直接转"，还是将央企分类成不同平台，以同行业中规模较大、实力较强的企业集团作为发起人，改组建立综合性国有资本投资运营公司）等，都还在积极的讨论和摸索中。

同时，一些中央国有企业已经率先启动了改革。

例如，中石化公司董事会已于 2013 年 2 月一致通过《启动中国石

---

① 张毅．改革预期深化国企改革再迎契机．中国证券报．2013. 12. 27.
② 《中共中央关于全面深化改革若干重大问题的决定》。
③ 同上。
④ 杨伟民谈经济体制和生态文明体制改革小组工作重点．北京晨报．2014. 3. 7.

化销售业务重组、引入社会和民营资本实现混合所有制经营的议案》。根据这个议案，董事会同意在对中国石化油品销售业务板块现有资产、负债进行审计、评估的基础上进行重组，同时引入社会和民营资本参股，实现混合所有制经营。社会和民营资本持股比例将根据市场情况确定，上限为30%。① 另外，2013年10月，中石化宣布欲寻求其在加拿大2011年购买的Monteny和Duvernay页岩气项目的股权投资者，以减轻成本负担，加快开发的进度。加拿大自然资源部部长评论到，这个"国有企业正在像一个商业实体一样运作"，买进卖出，或者根据需要引进投资者。② 这和中石化过去在国际市场上几乎总是只买不卖形成对比。

中石油也随后在2014年3月宣布公司共搭建了未动用储量、非常规、油气、管道、炼化（地方和海外）和金融板块6个合作平台，采用产品分成模式引入民资，积极推进混合所有制。中石油的改革方案反映出了全产业链的开放性，有与中石化竞争改革步伐的意味。另外，中电投也在两会期间表示，中电投将允许民资参股部分中电投旗下子公司和建设项目，民资参股比例将达1/3。

和以上三个企业相比，在2014年3月下旬宣布的中信集团在香港整体上市的计划引起了市场更大的关注。中信集团将把其绝大部分资产注入其在香港上市的子公司中信泰富。届时，"新中信"中信股份，

---

① 中石化启动混合所有制改革出让股权比例不超30%. 上海证券报. 2014. 2. 20.

② In rare Chinese move, Sinopec seeks partner for Canada shale, Reuters. 2013. 10. 25. http：//www. reuters. com/article/2013/10/25/us - sinopec - canada - idUSBRE99O03R20131025.

将转变为一家国有控股的，但总部位于香港的企业集团。这个不同寻常的战略选择，将会为中国国企改革提供新的路径。作为香港公司的中信股份，将置身于香港的法治环境、监管要求和舆论监督之下，这会帮助改变国有企业的管理体制和治理模式，包括实现员工持股计划，以市场化方式选聘高管，降低国有股的比例，以及吸引更多民营和海外资本入股等。[1]

另外，一些央企也在过去的发展中，在混合所有制改革的探索上已经取得了一些成功的经验。例如中国建筑材料集团（中国建材）就是一个通过与上千家民营企业混合发展而壮大起来的企业（见专栏11-2的讨论）。中国建材的实践也会为新一轮混合所有制改革提供有益的借鉴。

专栏11-2　中国建材的混合所有制实践

自2002年以来，中国建材先后吸纳了上千家民营企业，构筑起包括海外上市公司在内的混合所有制产业平台，并通过积极探索符合市场规律的经营管理模式，迅速成长为行业领袖和世界500强企业，推动了多种所有制经济共同发展，成为央企开辟混合所有制发展道路的先行者。

截至2013年年底，中国建材集团所属企业中，混合所有制企业占85.4%。在香港上市的集团二级企业中国建材股份公司，其国有

---

[1]　中信上市突围. 财经.2014年第17期. 作者访谈.

股占比46.67%，公众投资者持股占比53.33%。2013年，该公司营业收入占集团总营业收入的48%、利润总额占92%、资产总额占86%。

中国建材集团混合了上千家民企，到现在没有一家"反水"的，主要由于其混合的方法强调战略合作而非并购。例如，在其整合上百家民营水泥企业成立南方水泥公司时，中国建材给民企准备了"三盘牛肉"：第一盘，公平合理定价，按国际惯例的定价原则进行资产评估；第二盘，为民营企业保留30%的股权；第三盘，把民企老总聘为职业经理人。

通过发展混合所有制经济，中国建材集团用220亿元国有权益控制了660亿元净资产，进而带动了超过3 600亿元总资产。从2011年开始，中国建材连续3年入选世界500强，排位从2011年的第484位上升到2013年的第319位。

中材集团的董事长，改革领路人宋志平说，"中国建材集团虽然在混合所有制的道路上领先了一步，但今后仍有大量改革要推进。""集团要争取成为国有投资公司，更加重视投资决策和资本收益。集团成员企业继续加大混合所有制比重，通过证券市场、产权市场和股权投资等多种市场化方式，吸引民间投资者参与企业改革改制。同时大力推进员工持股，在管理层进行中长期激励机制的探索，把劳动要素和资本要素真正结合起来。"

资料来源：中国建材，混合发展中实现共赢.人民日报.2014.5.29.中国建材与千家民企的混合实践.经济日报.2014.5.5

地方国有企业改革

相对于央企，地方国企的改革试点步伐似乎更大更快些，这可能和前面提到的地方国企的相对落后的状况相关。目前已有上海、广东、重庆、湖北、山东、江苏、安徽、江西等地的方案出炉。

在各省市中，上海的国有企业比重相对很高。截至 2012 年年底，上海地方国有企业资产总额 9.64 万亿元。其中，地方国有企业国有权益 1.41 万亿元。2011 年，上海市国资委系统企业资产总额、营业收入、净利润分别约占全国地方国资委系统企业的 1/9、1/4、1/8。上海市政府于 2013 年 12 月公布了《关于进一步深化上海国资改革促进企业发展的意见》，明确其新一轮国资国企改革的重点是"分类监管、治理结构、激励约束、流动平台"。在治理结构方面，上海有两个新的具体措施：一个是推行去行政化。过去，国企正副职都有行政级别。依据现在的新举措，将只保留正职有行政级别，副职全部实现市场化选聘。另一个是建立容错机制。对法律法规规章和国家政策未规定事项，鼓励开展改革创新。如果改革创新未能实现预期目标，但创新的做法是合法、合规的，并且相关人员勤勉尽责、未谋取私利，则对他们不作负面评价。2014 年 7 月，上海又公布了《关于推进本市国有企业积极发展混合所有制经济的若干意见（试行）》，提出在一般竞争性领域，国资可不控股，可以出现民资、外资控股的混合所有制企业。

在山东省公布的国企改革方案中，同股同权是最大亮点。这会帮助对国资监管部门的行为进行规范，纠正"一股独大"的情况，真正实现政企分开。

广东省公布的改革方案强调分类管理，打造现代产权制度。广东省珠海市国资委已宣布拟将不超过格力集团49%的股权通过公开挂牌转让引入战略投资者。49%的高比例引人注目。而更早前，广新公司旗下上市公司星湖科技拟通过定增引入战略投资者长城汇理，若成功，长城汇理持股比例将达到14.7%，广新公司持有星湖科技的比例将由当前的17.5%下降为14.9%，长城汇理将成为第二大股东，且与广新公司持股比例相差无几。①②

"走出去"促进国企改革

实际上，对于中国的国有企业来说，"走出去"让它们在国际市场中学习到了经验，国际化是帮助它们进一步进行结构性转型的手段（Deng，2004）。当国有企业在海外参与竞争时，它们失去了在国内的垄断优势。它们必须像国外其他企业一样组织企业活动，并逐渐培养它们在国际市场上的能力和信誉。

---

① 解密上海广东山东等三地国资改革样本．上海证券报．2014.7.8.
② 省属国企对接民企粤率先启动混合所有制改革．中国证券网．2014.2.28.

中石化董事长傅成玉曾说道："反向改革，也就是说怎么样让我们认为国际上具有普遍价值意义的东西，能适应到我们这个土壤里来，还能够生根发芽。同时又把我们自己过去的东西往前推动……这个就涉及我们用西方的东西、好的理念、好的管理实践、好的办法来改造我们。这个改造是怎么实现的呢？我们是通过走出去，和外国企业结合……那套体系有一部分是非常好的，那么我们就用来改造内部。如果我们不跟外部接触，就是自己改自己，没办法改好。"①

小结

总之，中国国有企业的改革还是进行时。进步是可以期待的，但是进步的过程不会是一帆风顺的。"建立新市场的重要成本就是要说服潜在的受益人和监管者认可新市场所提供的经济功能……新市场的建立往往很复杂，可能会由于观念上的敌视、政治上的阻碍、对未知的恐惧或仅仅因为无知而挫败。"②

接纳中国企业到国际竞争的体系中，会帮助推动它们的改革，有益于全球经济的均衡发展。

---

① 对话全球契约中国理事傅成玉，http：//finance. qq. com/zt2012/Globalcom/
② 摘自罗纳德·科斯为《衍生品不是个坏孩子》（桑德尔著）所做的序"市场是一种社会制度"，东方出版社，2013。

第四部分

中国对外直接投资的实践

CHINA OVERSEAS
INVESTMENT

在对中国对外直接投资的质疑声中，有不少是针对中国企业海外经营实践的，特别是针对中国企业在企业社会责任方面的实践和做法。 例如，海外媒体和公众经常指责中国在海外投资的企业没有社会责任感，在海外经营时破坏环境，没有社区精神等。 作为国际市场上的投资"新手"，中国企业确实需要学会在完全不同的经营和监管环境中生存、适应、发展并应对风险。

因为企业社会责任对中国企业来说是个相对新的事物，这部分用了比较大的篇幅介绍它的概念和在西方的实践历史，目的是希望帮助中国企业获得更多的知识和了解。 然后介绍发展中国家在履行社会责任时所面临的挑战。 最后介绍企业社会责任在中国的发展背景和现有的实践。

第十二章

西方对企业社会责任的争议

企业社会责任在西方曾是个充满争议的话题

1970 年，美国经济学家和诺贝尔奖获得者米尔顿·弗里德曼（Milton Friedman）在纽约时代杂志上发表了一篇题为"经商的社会责任是增加利润"的文章。在这篇文章里，他认为企业社会责任的实践是"言不由衷的装点橱窗"的工作，并认为商人倾向于从事这样的实践"显露出自杀的冲动"。在那个时代，他的观点代表了当时很多美国公司对企业社会责任的怀疑和不屑的态度。① 与此同时，在人们开

① Why Companies Can No Longer Afford to Ignore Their Social Responsibilities. Knowledge@ Wharton. May 28，2012. TIME. com.

始对环境、劳工、消费者保护等社会问题更加关注的背景下，学术界有观点认为，"跨国公司不仅需要对其股东负责，还要对其经营所在地的社区和全国范围的利益相关者们负责。"（Freeman，2006）

在学术界的研究和不断争议的同时，西方跨国公司在企业社会责任方面的实践常常遭受诟病。"我们开始看到私人公司强大的经济实力和跨国性质已超出政府的监管范围和能力，一些外国公司和几个国家的政变组织的合谋就是残酷的实证。另外一个例子是，美国联合碳化物公司（UCC）对于其在 1984 年印度博帕尔灾难中应负责任的沉默。这个灾难造成至少 2 万人死亡，上百万人患长期疾病。"① 详见专栏 12 – 1。

专栏 12 – 1　印度博帕尔灾难

印度博帕尔灾难是历史上最严重的工业化学事故。1984 年 12 月 3 日凌晨，印度中央邦的博帕尔市的美国联合碳化物公司（UCC）属下的联合碳化物（印度）有限公司（UCIL）设于贫民区附近的一所农药厂发生氰化物泄漏。这场灾难造成 5 000 人在两天内迅速死亡，最终死亡人数达到 2 万人（Varma，2005）。UCC 是继杜邦和道达尔之后的美国第三大化学公司。美国劳工联合会—产业工会联

① Doucin，Michel. Corporate Social Responsibility：Private Self – Regulation is Not E-nough. 2011.

合会①所组织的 12 人现场调查小组得出的结论是，尽管当地工厂的管理层做出了一些错误的决定，但是 UCC 对这场灾难也负有主要的责任：

"这场灾难是由于流程的设计对安全没有足够的关注，危险的运营程序设计，缺少合理的维护，有问题的设备，雇员、值班人员的数量以及对工人的培训大量减少等。有毒化学物质在过去曾有少量的泄漏，并造成一人死亡和多人受伤。尽管代表博帕尔工人的工会进行了强烈的抗议，公司却几乎没有采取任何措施纠正这些问题。"②

"母公司 UCC 当初不顾 UCIL 工程师的反对，要求设计大型 MIC 储存罐。另外，一份 1982 年的安全检查报告显示，UCC 当初知晓博帕尔工厂存在重大安全问题，但是 UCC 没有采取足够的措施来纠正它们。"③

直到 1989 年，美国联合碳化物公司（UCC）才向印度政府支付了仅 4.7 亿美元的赔偿金。印度总理辛格在泄漏事件 25 周年纪念活动中称，这起悲剧"一直折磨着所有印度人的良心"。

---

① 美国劳工联合会—产业工会联合会（AFLCIO）是美国最大的工会组织，现有 56 个国内国际成员组织，会员人数 1 150 万。该组织成立于 1955 年，由当时独立的两个工会组织美国劳工联合会和产业工会联合会联合而成。

② The report of the ICFTU – ICEF mission to study the causes and effects of the Methyl Isocyanate Gas leak at the Union Carbide Pesticide Plant in Bhopal, India, December 1984.

③ 同上。

在 20 世纪 80 年代，除了博帕尔的灾难外，还有 Exxon Valdez 的石油泄漏所造成的重大环境污染。其他行业的声誉也一个接一个受到重创。例如，某大型医药公司因其拒绝为发展中国家的艾滋病患者或带菌者提供便宜些的抗逆转录病毒药物而受到批评；某矿业公司因与腐败的政府勾结而受到攻击；在制衣行业，Nike 和 Gap 也因雇佣童工而受到谴责。食品行业也因越来越多的肥胖病而受到指摘。①

博帕尔灾难等一系列事件引起了国际社会的广泛关注。讨论的焦点之一是，当跨国公司在海外投资时，在母国所需达到的运营标准对它们失效，例如，UCIL 的安全标准和 UCC 在美国国内的化学厂的安全措施和标准相去甚远。但是发展中国家大多对政策的实施、监测和执法依然薄弱，而一些国际倡议和举措虽然旨在填补国际业务中的监管漏洞，但是因缺乏执法机制而没有产生实质效果。在这样的背景下，跨国公司以盈利为唯一目的的经营方式是否应该受到谴责？跨国公司是否也应该对其经营的社会后果负责任？

进入 90 年代，西方跨国公司开始重视企业社会责任

进入 20 世纪 90 年代，西方跨国公司对企业社会责任的重视开始

---

① Just good business. The Economist. Jan 17th, 2008.

多起来，这主要是由于非政府组织的蓬勃兴起。

自 20 世纪 80 年代开始，非政府组织在世界各国和国际社会中无论数量、规模，还是影响力，都以惊人的速度增加。根据《国际组织年鉴》统计，全球非政府组织的数量从 1956 年的 985 个增加到 1985 年的 14 000 个，2003 年增加到 21 000 个。在发达国家和越来越多的发展中国家，国内和国际的非政府组织，包括行业协会、工会，以及致力于环境、社会和发展等主题的组织，已经逐渐成为企业社会责任问题的重要推动力。

企业社会责任运动把人们对资本主义广泛的怀疑转化为一系列对跨国公司履行社会责任的行动要求。正如这场运动的领袖所说的，通过动员公众的情绪和几乎全球一致的媒体来羞辱那些违反企业社会原则的公司，以达到让那些公司对自己的行为后果承担责任的目的。① 确实，非政府组织通过监督和公开抗议的活动，填补了国家和国际法框架下的空缺，即跨国公司在社会和环境问题上的问责机制。

这些非政府组织的行动非常有效，如果任何跨国公司有不负责任的行为，它们都会随时与之"开战"。各种各样的评比和打分也给跨国公司施加了压力，使它们在财务表现之外还要报告在非财务方面的表现。② 非政府组织的理念也被国际社会认可，1992 年联合

① The good company. The Economist. Jan 20. 2005.

② Just good business. The Economist. Jan 17. 2008.

国地球峰会的最终宣言就大体上基于非政府组织的建议（Doubin，2005）。详见专栏12-2。

专栏12-2　1992年地球峰会

1992年在巴西里约热内卢举办的地球峰会，是历史上最大的环保会议，吸引了来自172个国家的3万人参会，其中108个国家由国家元首或政府首脑参加，还有约2 400名非政府组织的代表参加。17 000人参加了同时举行的非政府组织论坛。本届会议的重要成就之一是达成"联合国气候变化框架公约"，后来基于此公约签署《京都议定书》。

本届地球峰会签署了下列文件：

- 《里约环境发展宣言》
- 《21世纪议程》
- 《生物多样性公约》
- 《森林原则》
- 《联合国气候变化框架公约》

在非政府组织所起的重要作用之外，互联网和气候变化也有很大的帮助。

互联网的使用。 互联网的发展网络起源于20世纪70年代，最初用于军事，80年代后开始民用，90年代开始在西方发达国家普及。

"在信息时代，顾客可以接触到更多的信息，透明的程度是前所未有的。"①。另外，在总体上，媒体对跨国公司应该履行企业社会责任的理念采取支持的态度。任何强大的跨国公司的负面消息都是好卖的新闻。

气候变化的影响。自从 1992 年通过了《联合国气候变化框架公约》，人们对气候变化的关注与日俱增。这使得全球非政府组织的，针对跨国公司在保护环境方面的不负责任的抗议活动有了持续的动力。所有的公司都不得不对其公司的商业运营活动对环境所造成的影响进行重新审视。

进入 21 世纪，西方对履行企业社会责任的热情达到一个新的高度

全球有大约 6 000 家企业加入到由联合国前秘书长安南在 1999 年提出的"联合国全球契约"（见专栏 12 - 3）。2010 年 9 月，国际标准化组织 ISO 26000《社会责任指南》得到了 90 个国家的赞成票。② 跨国公司都争相在达沃斯论坛上阐述它们对成为全球企业公民的热情和

---

① Why Companies Can No Longer Afford to Ignore Their Social Responsibilities. Knowledge@ Wharton. May 28，2012. TIME. com.

② 在 ISO 26000 谈判的结尾，由于一些新兴市场国家威胁要投反对票，谈判代表接受了在文件中加一句话，承认在不同国家在为拯救我们的生物层所做的努力中存在"社会、环境、法制、文化、政治和组织的多样性以及经济水平的不同"（Doucin，2011）。

所付出的努力。① 2007 年，麦肯锡对 CEO 们的一个调查显示，95% 的 CEO 认为，和 5 年前相比，社会上对企业要履行社会责任的期望大大提高了。在最大的 250 个跨国公司中，发布了企业社会责任年度报告的公司比例从 2005 年的 50% 增加到 2008 年的 80%。② 这些公司通常会有专人或部门负责企业社会责任的工作。2008 年《经济学人》经济信息部所做的调查显示，只有 4% 的参与调查的公司认为饯行企业社会责任是浪费时间和金钱。③ 企业社会责任业已成为主流。

专栏 12 -3　联合国全球契约

联合国全球契约由联合国前秘书长安南提出，其目的是号召工商界在日常经营和公司战略中遵循维护劳工权益、尊重人权、环境保护以及反腐败方面的原则，通过负责的、富有创造性的表率作用，建立一个推动经济可持续发展和社会效益共同提高的全球机制，从而使更多的人分享全球化的利益。目前已经有 130 多个国家的 6 000

---

①　过去 10 年中，大型公司的企业公民意识日益增强。随着商业世界的联系愈发紧密，人们逐渐意识到：没有任何一家公司可以在全球化的浪潮中独善其身，也没有任何一个企业能够只关注自身效益的增长而忽略与其紧密联系的其他因素。因此，为了尽量降低公司运营过程中对外界所产生的负面影响，并维护与公司发展息息相关的其他方面的利益，许多公司正以更为开明的眼光来审视自身在全球经济中所扮演的角色，以期平衡客户、股东、供应商、经销商、员工以及社区居民等多方面的利益诉求。（World Economic Forum，2012）

②　KPMG International. KPMG International Survey of Corporate Responsibility Reporting 2008. Geneva.

③　Does CSR Work？. The Economist. Jan 17. 2008.

家企业和机构加入全球契约，包括中国的 300 多家企业和机构。加入联合国契约的公司需要每年提供其企业社会责任的履行报告。

十项原则

全球契约在人权、劳工、环境和反腐败方面的十项原则享有全球共识，这些原则来源于《世界人权宣言》、《国际劳工组织关于工作中的基本原则和权利宣言》、《关于环境与发展的里约宣言》和《联合国反腐败公约》。

人权：原则 1：企业界应支持并尊重国际公认的人权；原则 2：保证不与践踏人权者同流合污。

劳工标准：原则 3：企业界应支持结社自由及切实承认集体谈判权；原则 4：消除一切形式的强迫和强制劳动；原则 5：切实废除童工；原则 6：消除就业和职业方面的歧视。

环境：原则 7：企业界应支持采用预防性方法应付环境挑战；原则 8：采取主动行动促进在环境方面更负责任的做法；原则 9：鼓励开发和推广环境友好型技术。

反腐败：原则 10：企业界应努力反对一切形式的腐败，包括敲诈和贿赂。

这个对企业社会责任的新的热情，除了前面提到的非政府组织的推动作用外，也和新出现的驱动力量有关。这些驱动力量包括：

政府　在西方国家公众的驱动下，政府在制定规定、协调、合作、支持和认可企业社会责任活动中发挥了非常显著的作用（Fox 等，2002）。例如，国家和地方政府实施了一系列法律规章，旨在发展与环境、劳工、反腐败、消费者权益保护、投资者保障和其他受到关注的社会问题的有关框架。给予这些具有约束力的法律规章强大支持的是一系列机制，比如侵权诉讼、公民执法规定、政府监管、监督和检察机关等。除了强制性规定以外，还有许多包括财政和其他激励政策的举措，来奖励那些法律要求以外的企业社会责任活动。

一些发展中国家也在完善创收和管理、环境保护、劳工标准、消费者和投资者的保护，以及其他公共利益问题等领域的监管框架。①

政府还可以通过规范外来投资的方式来推动企业社会责任活动。以加拿大投资法为例，外资在加拿大的投资必须通过一个所谓"净利益"的测试。②

---

①　Visser 和 Tolhurst，2010；e. g.，Ho，2013；Gugler 和 Shi，2009。

②　该测试要求加拿大当局从以下六个因素来审查投资：第一，对加拿大经济活动水平，就业，资源加工，对在加拿大生产的零件和服务的利用，以及对加拿大出口的影响；第二，加拿大人参与加拿大业务的参与度和重要性；第三，投资对于加拿大生产力，工业效率，技术开发，产品创新和产品品种多样性的影响；第四，投资对于加拿大任何一个行业内竞争的影响；第五，投资与国家产业，经济和文化政策的兼容性；第六，这些投资对于加拿大在世界市场上竞争能力的贡献。虽然这些因素集中在投资的经济影响，但其与发展和文化相关的考虑也给予企业社会责任问题更多的权重。

（转下页）

消费者 消费者群体针对社会、环境、经济和监管方面的种种问题而发起的抗议和抵制，被证明确实是改善企业社会责任政策的重要驱动力。[1] 对名誉损害和品牌价值贬值的担忧也会促进企业做出反应，甚至采取主动的防范措施。

消费者促使改善企业社会责任的情况在发达国家比较普遍。对拉美 250 家最大公司的企业社会责任报告的研究发现，具有国际销售业务的公司报告他们企业社会责任的可能性差不多是那些只在区域或者当地销售的公司的 5 倍（Araya，2006）。

公司员工 除了外来的压力外，企业也从它们的雇员那里感受到更多的诉求，以至于企业社会责任成为吸引优秀员工的重要努力。几乎任何大公司在被问到履行企业社会责任的商业原因时，都会告诉你因为这方面的实践会帮助其鼓励、吸引和留住员工。"人们希望在和他们有一样价值观的公司工作"。[2]

为什么要履行企业社会责任？

（接上页）在东道国措施和母国措施以外，还有一系列政府间的举措，包括《京都议定书》的举措和倡议，金伯利进程，经合组织关于打击国际商业交易中贿赂外国公职人员的公约，国际劳工组织对于基本原则、权利和工作的宣言，对商业和人权的指导原则，对采掘行业透明度的倡议；还包括更广泛的公约，比如经合组织跨国公司指南和联合国全球契约等。一些机构如世界银行的国际金融公司也制定了一系列关于它们的项目对社会和环境影响的标准，并要求这些项目的合作者遵守这些规定。

[1] Greening 和 Gray，1994；Christmann 和 Taylor，2006；Sen 和 Bhattacharya，2001。

[2] Just good business. The Economist. Jan 17. 2008.

企业社会责任的倡导者大致有四个方面的论点：

第一，道德的义务。企业有责任做个好公民，企业社会责任的行为是出于做正确和正义的事的需要。

第二，可持续性。企业应该在保证其长期的财务绩效的同时避免对社会和环境的短期破坏行为。这和"三重底线"（经济、环境和社会底线）的概念相吻合。[①]

第三，获得经营的社会执照。除了守法以获得法律上的经营执照外，企业要了解其相关利益者的期望和诉求，与政府部门、当地社区以及非政府组织进行对话和交流。

第四，保护名誉。从事企业社会责任的活动如同是给企业上社会保险，是风险控制的工具（波特 & 克雷默，2006）。

关于企业社会责任的辩论依然激烈地进行着

对企业社会责任的不同理解和在实践中所遇到种种实际困难，依然让关于企业社会责任的辩论激烈地进行着。这些辩论的核心，已经不再是跨国公司应不应该实践社会责任，而是应该如何实践社会责

---

① 1997 年，英国学者约翰·埃尔金顿（John Elkington）提出了"三重底线"（Triple Bottom Line）的概念，他认为就责任领域而言，企业社会责任可以分为经济责任、环境责任和社会责任。经济责任也就是传统的企业责任，主要体现为提高利润、纳税责任和对股东投资者的分红；环境责任就是环境保护；社会责任就是对于社会其他利益相关方的责任。企业在进行企业社会责任实践时必须履行上述三个领域的责任。

任，下面这些问题都是辩论的核心：

社会责任实践是作秀

关于实践的方式，很多持批评态度的人，包括非政府组织，认为对于大多数公司来说，企业社会责任的实践不深入。虽然也有少数例外，但是大多数企业的社会责任实践只是作秀。例如，在广泛发布的企业社会责任报告中，很少有报告提供一个有完整框架的关于企业社会责任的活动描述，大多数只是罗列出企业做的一些互不相干的好事（波特，2006）。从在社区中做志愿工作，到善待企业的员工；从给学校捐款，到减少大气排放，这些好像都是和企业核心运营无关，为满足不同相关利益者需要而从事的零敲碎打的事情。

公共关系的工具

基督教援助是颇受尊敬的、推动企业社会责任的非政府组织之一，总部在英国。基督教援助在 2004 年发布了一份报告，题为"在面具的后面：企业社会责任的真正面孔"①。该报告认为，企业社会责任

---

① Christian Aid. Behind The Mask：The Real Face Of Corporate Social Responsibility. 2004.

只是被商界用来作为公共关系的工具。① 这个报告指责壳牌石油公司、英美烟草公司和可口可乐公司只是对企业社会责任做表面文章，而实质上它们在尼日利亚、肯尼亚和印度的运营使"所在的社区的情况变得更糟"。②

波士顿大学企业公民中心在2007年发布了和Hitach联合做的一份调查报告，题为"该有真正的行动了"。报告显示，在美国的商业领袖中，虽然对企业公民的理念的态度是正面的，但是还没有与这个态度相匹配的正面行动。"这个报告的最重要的发现是，在企业所说的它们重视什么和实际做的之间所存在的差距。"③

在基督教援助2004年的报告发布后，壳牌、英美烟草公司和可口可乐公司都分别对报告中的相关指责给出了回应，认为报告与其运营的实际情况不符。

如何衡量好坏

建立令人信服的对企业社会责任实践的衡量标准是一个实实在在的挑战。

---

① 这个指责令人想起弗里德曼在1970年提出的企业社会责任只是"装饰橱窗"的著名阐述。

② Christian Aid. Behind The Mask：The Real Face Of Corporate Social Responsibility. 2004.

③ Just good business. The Economist. Jan 17. 2008.

公司的决策者们不得不面对的问题包括，对利润动机所应赋予的相对权重该是多少？对利润的重视是否应该超过对其他利益相关者的责任的重视？国际机构制定的涉及搬迁的标准是不让被搬迁的居民的生活状况比搬迁之前差，但是如果当地居民有更高期望的时候，对这些更高期望要满足到什么程度才算履行了社会责任？另外，不同的行业也有其不同的情况。丰田汽车公司的普锐斯混合车的发明使其成为大家努力效仿的榜样，但同时丰田又和其他公司一起游说反对一个美国的节约汽油的严格标准。[1]

企业社会责任从某种意义上讲是对一种美德的倡导，[2] 而对美德的践行是很难给出完全客观和统一的衡量标准的。波特和克雷默（2006）认真讨论了现有的给企业社会责任的打分系统所存在的问题，例如道琼斯指数和FTSE4Good指数，指出除了标准的选择和权重的分配不让人信服外，对企业是否满足了这些标准如何做出判断是更难的事情。大多数媒体和非政府组织都没有能力来对复杂的跨国公司进行全面审计。他们只能依靠可能获得的数据，而这些数据不见得是能真正反映实际情况的。这导致的后果是一大批几乎没有意义的评比结果。[3]

---

①　Just good business. The Economist. Jan 17. 2008.

②　The good company. The Economist. Jan 20. 2005.

③　Aaron Chatterji and David Levine. Breaking Down the Wall of Codes：Evaluating Non‑Financial Performance Measurement. California Management Review，Winter. 2006 有更详细的讨论。

2008 年全球金融危机

2008 年的全球金融危机使人们对企业社会责任的呼声更高。持续数月的全球范围的抗议示威活动谴责华尔街的不负责任的商业行为，以及监管者的错误政策选择对社会所造成的全球范围的巨大伤害。有些观点认为，全球金融危机加强了人们对企业社会责任重要性的认识。但是同时人们也开始担心，由于危机背景下经营的困难，企业社会责任的推行会受到挫败。

企业社会责任升级版——创造共享价值

到底应该履行什么样的企业社会责任，才不会被认为仅是为了满足公共关系的需要？或者说，在经济衰退时什么样的企业社会责任实践能够继续给企业带来真正价值，使其成为具有长期生命力、可持续的企业核心运营的一部分？

哈佛大学商学院的迈克尔·波特教授和肯尼迪学院的马克·克雷默所提出的"共享价值"似乎给人以希望，并引起广泛的关注：

"共享价值的理念认识到，社会的需求，不仅仅是常规的经济需求。只有当企业和社会的需要相联系，真正长期的、持续的和有竞争力的价值才能实现。所以，公司的目的应被重新定义为创造共享价值，而不仅仅是利润。"（波特＆克雷默，2011）"现行的企业社会责任的实践太碎片化，和企业的运营以及战略没有关联，以至于阻碍了很多公司可以服务社会的很好的机会。如果企业在分析社会责任时，使用他们分析核心运营时所使用的框架，它们会发现企业社会责任绝不仅仅是成本、限制和做慈善的善举，企业社会责任可以是商机、创新和竞争优势。"（波特＆克雷默，2006）

共享价值是指从解决社会问题中寻找商机。企业可以通过以下三种途径来解决社会问题以取得竞争优势：

第一种情况是公司通过提供产品和服务来解决社会问题。比如提供便宜的手机可以增加商机，也可以帮助穷人。这种共享价值称为产品和市场的再开发。

第二种情况是公司通过尽可能高效地使用公共资源来解决社会问题，例如减少产品分销时的过度包装可以减少成本和环境恶化。这种共享价值称为价值链的重新整合。

第三种情况是投资于公司运营之外，去解决那些与公司的成长和生产率潜力有关的问题，例如帮助建造桥梁和港口可以减少成本和改善当地条件。这种共享价值称为加强当地社会网络的发展。

共享价值的出发点是对社会问题的深入了解，以及这些问题与公司商业运作的联系。①

波特和克雷默（2006，2011）提供了一些案例。案例中的公司都在其商业战略和企业社会责任之间建立起了深入的联系。

> 一个好的例子是公平贸易运动。公平贸易的目标是通过提高穷困农民种的庄稼的价格来增加他们的收入。尽管这是个高尚的举措，但是公平贸易主要是重新分配，而不是增加总的创造的价值。共享价值的理念专注于帮助改善这些农民的种植技能、他们的供应商和其他制度，以增加农民的效率、产量、产品的质量和可持续性。这将导致整体收入的增加，使得农民和购买庄稼的公司都从中受益。早期研究显示，对于在象牙海岸种植可可的农民的公平贸易可以让他们的收入增加10%～20%，但是共享价值投资可以将他们的收入提高300%。为了落实新的方法和发展新的支持环境，初始投资和时间是要花的，但是回报是所有参与者都能享受到更大的经济价值和战略效益。

通过创造共享价值，企业社会责任从公司核心业务以外的一种行为转移成为公司核心战略的一部分；公司从一个社会外的实体转变成为社会的一个组成部分。

---

① FSG 网页：http：//www.fsg.org/OurApproach/WhatisSharedValue.aspx.

　　创造共享价值也受到各种批评，包括并无新意①和很难确定共享价值的实际社会影响等②。因为社会结果通常是由多种原因造成的，仅用个别的案例很难构成严谨的分析。

---

　　① Beschorner, Thomas (2013): Creating Shared Value: The One – Trick Pony Approach – A COMMENT ON Michael Porter and Mark Kramer. In: Business Ethics Journal Review 17, No. 1, 106 – 112, p. 109.

　　② London, T. (2009) Making Better Investments at the Base of the Pyramid, Harvard Business Review, 87 (5): 106 – 113.

第十三章

发展中国家的企业社会责任

　　新兴市场国家的公司参与企业社会责任活动，对其全球化模式、公司运营以及可持续发展都有着重要的影响。尽管有些评论认为企业社会责任是一个西方的概念，未被新兴市场的公司认知和采纳，但是这个观点越来越受到批评。

新兴市场跨国公司的企业社会实践比一般认为的要好

　　一份 2006 年的研究报告比较了来自 21 个新兴市场的龙头公司与来自高收入的经合组织国家的代表公司在企业社会责任方面的活动，该报告首次对关于新兴市场公司的企业社会责任的常规假定提出了质疑。报告发现，新兴市场国家的公司和经合组织公司在企业社会责任的实施上并没有显著的差异。

该研究考察了哪些公司可收录于道琼斯可持续发展指数，哪些公司参加了全球永续性报告协会。研究发现，道琼斯全球指数中的高收入国家中12.9%的企业符合被收录于道琼斯可持续发展指数的条件，而7.8%的新兴市场国家公司在环境、社会，以及战略、管理等方面表现良好，符合被收录于道琼斯可持续发展指数的条件。全球永续性报告协会显示7.2%的公司来自新兴市场。最后，从获得环境友好标准（ISO14001）认证的公司来看，2000～2005年，经合组织国家的公司增加了4倍，而新兴市场国家的公司则增长了7倍（巴斯金，2006）。

研究还分析了公司的企业社会责任报告情况，发现在若干方面存在着明显的趋同趋势（当然在其他方面还存在差异）：

• 企业社会责任报告：研究发现样本中超过2/3的新兴市场公司发布企业社会责任报告或者设有专门的企业社会责任的网站。

• 企业社会投资：企业社会投资指的是公司"对一系列社区活动的投资"。研究发现，新兴市场公司几乎和高收入经合组织国家的公司一样，愿意报道企业社会投资活动，而且它们更倾向于设立涉及面广泛的项目。来自南美洲和非洲的企业在提供企业社会投资方面处于领先的地位，这主要是由于当地严重的不平等现象以及对企业社会投资作为一种"经营许可"的理解（巴斯金，2006）。

• 企业伦理：79%的经合组织公司具有某种形式的伦理政策，而只有34%的新兴市场公司这么做。俄罗斯、土耳其、埃及、智利、马来西亚和中国在企业伦理方面提及得最少，而南非在这方面有最详尽的介绍。

- 非歧视/机会平等：南非已经通过法律赋权给它的全体黑人公民，新兴市场公司在这方面普遍远远落后于经合组织国家的公司。例如，只有6.8%的亚洲新兴市场公司和13.3%的南美洲公司收集和监控员工的人口资料。

- 环境：53%的新兴市场公司公布其环境政策和环境管理体系的细节，而59%的经合组织公司这么做。研究进一步发现，新兴市场公司和经合组织公司都缺乏关于环境保护方面的深层次的战略。

- 董事会中的女性成员：纵观不同地区的新兴市场公司，公司董事会中的女性成员比例低于15%，南美洲的新兴市场公司这一比例最低，只有1.9%。

- 培训：新兴市场国家和经合组织国家的领头公司都承认培训对公司成功的重要性，新兴市场国家公司中将近70%有培训计划，而经合组织国家的公司中超过70%有培训计划。

- 职业健康和安全：虽然行业之间有差别，但新兴市场国家公司总体上在职业健康和安全报告方面优于经合组织国家的公司。

研究发现，企业社会责任在新兴市场中的采纳程度比普遍认为的要更为广泛，巴西、南非和印度在这方面处于领先地位。新兴市场公司之间存在的差异也比新兴市场与高收入经合组织公司间的差异要大。分析表明，新兴市场公司的企业社会责任在与公司战略结合方面，在其普及度以及和政治关联度方面与大部分高收入经合组织的公司相比都要低

（巴斯金，2006）。研究报告提出了三个主要论点：第一，大企业通常会从战略上专注成为全球认可的公司，这将激励它们在企业社会责任方面的努力；第二，企业社会投资在高度不平等、低能力和民权较发达的国家中较多，这可能反映了东道国的诉求和期望；第三，当东道国政府希望推进某个政策，或者希望把企业社会责任作为竞争优势之一，它们会鼓励公司采纳企业社会责任（例如，鼓励公司采纳对环境和社会负责的生产方式，鼓励以这种生产方式生产的产品的出口）。

新兴市场跨国公司的特定挑战和机遇

如前所述，新兴市场跨国公司的成长速度迅速而显著。这些公司的投资分布在世界各国，包括多个行业。这种多样化意味着在企业社会责任方面，世界上还没有一个统一的政策可以有效地管理这些新的参与者与其东道国之间的关系。然而，一些一般性原则还是存在的。

企业的资金实力以及企业对社会责任的知识十分重要。证据表明，成功实施企业社会责任需要资金实力和执行能力来保证；正是由于资金匮乏，以及对企业社会责任缺乏了解，造成了发展中国家和发达国家企业在企业社会责任实践中的差距（阿吉尼斯 & 格拉维斯，2012；李等，2010）。对于在发达国家投资的公司而言，履行企业社会责任的义务意味着必须理解和遵守发达国家烦琐的法律框架、社会规范及其含义，违反这些可能招致民事责任。达到这些目标可能会花费大量的时间和财力，但这是公司需要承担的企业社会责任的最基本的要求，而且表明公司愿意成为一个优秀的企业公民。

如果在法规不那么严格的国家里投资，企业首先必须理解和满足现有的法规，同时通过合同条约或志愿服务来填补法规要求以外的，但是社会期待企业实施的企业社会责任活动。这些都需要资金和知识。

东道国有多种方式来减少外国企业履行法律要求和满足社会期望的难度。最基本的是要有一个透明的监管系统，在这一系统下，企业可以确认它们受到哪些法律的监管以及这些法律将如何被应用。大多数发达国家以及越来越多的发展中国家都在这么做。越来越多的贸易和投资条款都包含了政府监管必须透明的义务，以使得这些要求标准化；然而，如果没有财政和其他方面的支持，这些法规在某些国家中可能极难执行。

研究表明，东道国的腐败程度和经济政治活动的自由度，会影响公司了解和满足正式的法规要求和非正式的社会期望。低腐败水平、高自由度的国家能更有助于公司实施企业社会责任（鲍恩等，2007）。

公司的规模和知名度可以影响其从事企业社会责任的活动，还会影响其从事企业社会责任所获得的关注度。规模和知名度也会影响公司决定是否以及如何实行企业社会责任，这是由于随着公司的规模和知名度的提高，公司会更加努力地保护和提高其声誉（阿吉尼斯 & 格拉维斯，2012；李等，2010）。发达国家的公司一直在劳工、环境等问题上受到公众的压力，新兴市场的公司现在也越来越受到公众的关注。对于不参与大型项目的中小型公司来说，落入公众关注焦点的可能性较小，但与雇员、顾客（实际的和潜在的）和其他利益相关者的密切沟通以建立包容式商业模式的机会可能性更大。

行业的重要性。 由于对居民和环境的潜在影响，某些类型的投资活动会吸引更多的关注，从企业社会责任的角度来说也更加难以管理。事实上，从长期可持续性发展的机遇和威胁的角度来看，采掘业的企业社会责任相关的挑战是最难解决的，也是至关重要的。此外，在这些行业中寻求新投资机会的新兴市场公司面临着更大的挑战，因为它们的项目和开发环境通常是最危险和最困难的，因而没有被更有经验的西方公司看上。

企业社会责任在第一产业之外也非常重要。 在污染严重的大型劳动密集型产业的投资带来了许多有关企业社会责任的问题，因而是有关企业社会责任的争论的焦点；在其他行业的投资，例如，在基础设施服务、通信、旅游业、社会服务方面的投资，也都引起了一系列的问题。为了帮助公司了解并满足各方面的要求，目前已有大量的针对各个部门和行业的关于企业社会责任的指导，① 同时还有协助公司实

---

① 例如：GRI 行业增补（如汽车，电力公用事业，金融服务，采矿和冶金，公共代理机构，电信）；咖啡社区的通用准则；电子行业行为准则（EICC），欧洲造纸工业联合会（CEPI）的行为准则；金伯利进程证书计划（钻石贸易）；手工和小规模采矿协作组（CASM）最佳实践指导；ICC 市场营销的国际规范和广告实践；"责任关怀"（化工行业）；国际采矿和冶金委员会（ICMM）可持续发展绩效准则；石油工业（IPIECA）报告温室气体排放量指引；国际玩具工业理事会（ICTI）保健倡议；国际有机农业运动联合会（IFOSM）的原则和规范；森林管理委员会（FSC）的原则和标准；工人权利联盟；海洋管理委员会（MSC）的环保标准；更好的棉花倡议；清洁服装运动。一些机构诸如国际金融公司（IFC），也有自己的行业具体指导方针。见经济合作与发展组织，2009 年。

施企业社会责任的各种资助。①

社会期望的重要性。公司的信誉，包括公司对社会关注问题的反应、对相关规则及法规的遵守、对员工的雇用等，会影响公司与当地社区以及社区以外的关系。一个例子是 2012 ~ 2013 年关于加拿大 HD 矿业国际（中国公司拥有多数股权）雇用来自中国的大约 200 名临时工的争议。加拿大政府允许雇用临时工的决定，不仅给公司带来了不希望有的社会关注和加拿大工会的反对，而且导致了一系列争议，要求政府彻底修改有关加拿大外来工人的法规，以及政府如何利用"净利益"的测试来审批外国投资者在加拿大的投资。这个例子说明，即使外国投资者的行为完全符合法律规定，就像 HD 矿业国际一样，它仍然可能引起不希望的和潜在不可预见的外溢效应，从而影响该项目甚至其他项目的投资。公司在东道国的行为完全合规合法，并不能避免公司在社会、环境和经济影响等方面与东道国或当地社区发生冲突。

巴西和印度的企业社会责任实践

企业社会责任在巴西的主要驱动力是私人部门而不是政府。由于非政府组织和企业对企业社会责任实践的承诺，在拉丁美洲，巴西被

---

① 其中的相关项目是由联合国工业发展组织、联合国贸易与发展会议、荷兰外交部促进从发展中国家进口中心所提供的。

公认为是企业社会责任的领导者。

　　社会思潮研究所是目前最受欢迎的企业社会责任非政府组织，它在巴西拥有超过 1 000 名成员。因为它为企业社会责任创建实践的基准和手册，所以它一直是巴西企业在企业社会责任实践中最主要的引导和培训者之一。巴西企业的企业社会责任实践一直以来倾向于慈善和社区投资的方式，而不是采取在战略层面的方法。这和巴西的天主教传统、大众的巨大需求，以及缺乏正式的法律有关。然而，战略性的企业社会责任的价值越来越被认可，追求自身可持续发展的企业数量大幅增加（Yamahaki 和 Ursini，2010）。

　　由于民族的历史复杂性，印度的企业社会责任传统（主要是公益事业和慈善事业）具有很强的文化和宗教的根源。在 20 世纪 90 年代，印度企业意识到，面对日益增长的经济利润，他们也要扮演好一定的社会角色。印度多个社会党派别的存在，导致了大量关于企业社会责任在社会、环境和经济政策方面的立法。一项关于印度私营企业的企业社会责任的研究表明，印度企业社会责任的渗透与亚洲同类国家相比，尤其是与马来西亚、日本、韩国、泰国和新加坡相比，达到了较高水平（Chambers 等，2003）。研究结果还显示，企业社会责任在印度的渗透度的绝对值也很高，有 80% 的企业参与企业社会责任计划。Chapple 和 Moon（2005）也发现，印度近 3/4 的大公司有企业社会责任政策（Arora 和 Mahajan，2010）。

专栏 13-1　新兴市场国家企业社会实践示例

　　巴西淡水河谷是世界第二大多元化金属和矿业公司，也是以市值计算拉丁美洲最大的公开上市公司。"福布斯"企业社会责任部门表示，淡水河谷已成功地将其企业社会责任的努力与其现有业务相结合。淡水河谷的经营活动都具有管理政策的透明度，尊重股东权利，保护环境，关注员工发展的特点（福布斯 CSR 多样性）。淡水河谷在莫桑比克拥有两个煤矿的权利。第一个煤矿在 2012 年开始运作，第二个煤矿计划于 2015 年开业。目前正在建设一个穿过马拉维的价值 6 亿美元的铁路线，能够使更大量的煤炭得以出口。淡水河谷 2012 年可持续发展报告显示，该公司投资了 4 000 万美元来改善这个国家民众的生活水平，范围涉及基础设施、健康、农业、就业和收入。2010 年，当淡水河谷开始让采矿和工业领域的一些住户非自愿搬迁时，它的做法受到争议。

　　印度的塔塔集团是印度最大的企业集团之一，塔塔钢铁集团是塔塔集团的成员公司。塔塔钢铁公司是世界上最大的钢铁生产商之一，在五大洲拥有超过 81 000 名员工。同所有的塔塔公司一样，塔塔钢铁公司拥有包括道德准则、行为守则、企业公司治理，以及对企业社会责任的承诺等多种准则。在印度，塔塔从事广泛的社区发展项目，其中包括城市服务、体育活动和青年福利、教育和就业培训、医疗保健设施和服务，以及灾害管理等。该公司已经受到多项企业社会责任嘉奖，包括由亚洲金融杂志和 CNBC 亚洲台颁发的

"企业社会责任奖"。塔塔钢铁公司在 2001 年收购一家泰国国内公司的多数股权，开始在泰国经营。该公司现拥有员工 1 407 人，是泰国最大的钢铁生产商。塔塔钢铁公司在泰国的企业社会责任活动分为四类：（1）支持周边社区，包括支持当地文化活动，提供医疗保健和安全设施，支持职业培训等；（2）支持偏远地区的儿童发展：该公司发起了"与塔塔钢铁公司一起聪明成长"的活动，鼓励农村地区儿童自学，使他们更能被社会认可，该项目的目标是 400 所学校，预算为 3 000 万泰铢。（3）支持非营利组织：塔塔钢铁（泰国）支持各种非营利组织，包括皇家发起的项目、学生志愿营、灾难援助等。（4）支持环境保护：具体活动减少能源使用以限制二氧化碳的排放量，用燃料油取代天然气，处理并重新利用废水，并使用在生产过程中释放的气体来产生电力，等等。

小结

过去只有发达国家公司参与的企业社会责任活动，现在新兴市场跨国公司也正在努力实践，这与这些经济实体在全球经济中日益增加的重要性有关。

虽然"企业社会责任"的概念对许多公司来说可能是相对新的，但它包含的理念却并非是新的。因此，在一些核心方面，发展中国家企业对于企业社会责任问题的参与不一定与发达国家的同行企业有更大的差距，甚至在识别和满足需求不足的社区上拥有一定的竞争优势。

然而，企业社会责任的多种元素——包括实施严格的环保标准、消除负外部性，并与利益相关者沟通——需要一定的资源和能力，这可能会对这些企业构成挑战，特别是那些来自发展中国家的试图在全球市场上获得竞争立足点的企业。

第十四章

中国企业的社会责任实践①

真正意义上的社会责任实践对中国企业来说还是个非常新的事情，其大致经历三个阶段：1978 年之前的计划经济时期、1978 ~ 2005 年的从计划经济向市场经济转型时期，以及 2006 年以来的企业社会责任发展时期。

中国企业社会责任发展的三个阶段

1978 年之前的计划经济时期

计划经济时代，几乎每个中国的大中型企业都是一个小社会，它们

① 本章的"中国企业社会责任发展的三个阶段"和"起步阶段的中国企业社会责任实践"部分采用了王碧君和边文龙为本书准备的背景论文"企业社会责任与中国对外直接投资"的部分内容。该论文在王梅指导下以及国民经济研究所资助下完成。

为员工提供住房、食堂、医院、托儿所、学校、菜市场等，职工的生老病死都由企业负责。截至 1985 年年末，中国大中型企业的工业生产用房建筑面积为 45 939 万平方米，而非生产用房建筑面积则高达48 992万平方米，其中自有职工住宅为 36 595 万平方米。大中型企业有小学290.1 万个，技工学校88.8 万个，托儿所入托人数 157.8 万人，图书馆藏书7 336.3 万册，俱乐部和影剧院面积885 万平方米，医院22.5 万个，疗养所 1.93 万个，卫生技术人员 34.3 万人（王和叶，1980）。

1978～2005 年从计划经济向市场经济转型时期

计划经济时代的高福利、"企业办社会"的企业制度，在 1978 年后的经济改革时代被视为低效、资源浪费的代表而被摒弃，取而代之的是在激烈竞争基础上的，以追求效率、盈利最大化为目的的企业经营行为。老一代的国有企业领导也已被新一代的企业家所取代。虽然在中国于 2001 年加入 WTO 之后，从事出口业务的企业和为西方跨国公司做供应商的企业开始逐渐感受到国际上对企业社会责任要求的压力，但企业社会责任的实践还没有在全社会层面得到一致的认同和重视。

例如，《中国纺织企业社会责任管理体系总则及细则》在 2005 年出台，该文件明确指出，企业社会责任的建设工作旨在使中国纺织工业能更好地融入国际产业链和供应链，规范市场秩序，以适应经济全球化的需要。

与此同时，在这个阶段，中国的社会财富得到高速增长，但是不同阶层和不同群体享受经济发展的机会并不公平，由此产生的城乡发展不平衡、地区发展不平衡、经济社会发展不平衡等矛盾日益突出。

2006 年以来的企业社会责任发展时期

中国在 2005 ~ 2006 年把构建"和谐社会"确立为重要的治国方略。2006 年出台的《中共中央关于构建社会主义和谐社会若干重大问题的决定》明确提出了要"着眼于增强公民、企业、各种组织的社会责任"。在这个纲领性文件的指引下，一系列推动企业社会责任实践的政策在随后的几年里得到制定和实施。

中国颁布了多项关于企业社会责任的政策法规

法　律

2006 年，《中华人民共和国公司法》修订案总则第 5 条第一次明确规定了公司从事经营活动，必须承担社会责任。

证券交易所推出的相关规定

2006 年，深圳证券交易所发布《上市公司社会责任指引》（以下简称《指引》）。《指引》定义上市公司社会责任为上市公司对国家和社会的全面发展、自然环境和资源，以及股东、债权人、职工、客户、消费者、供应商、社区等利益相关方所应承担的责任。《指引》要求上市公司要定期评估公司社会责任的履行情况，并自愿披露公司社会责任报告。2008 年，上海证券交易所发布了《关于加强上市公司社会责任承担工作的通知》，要求三类上市公司必须披露社会责任报告，包括作为公司治理板块样本的 230 家公司、在境外上市的 50 家公司、金融类的 21 家公司等 258 家上市公司，并鼓励其他公司进行披露。上交所在《通知》中还首次提出了"每股社会贡献值"概念，即在公司为股东创造的基本每股收益的基础上，增加公司年内为国家创造的税收、向员工支付的工资、向银行等债权人给付的借款利息、公司对外捐赠额等为其他利益相关者创造的价值额，并扣除公司因环境污染等造成的其他社会成本，计算形成的公司为社会创造的每股增值额，从而帮助社会公众更全面地了解公司为其股东、员工、客户、债权人、社区以及整个社会所创造的真正价值。

信贷政策

通过制定银行授信环节的规则，规范指导企业的社会责任行为，特别是在环境保护和节能减排方面的行为。

2007 年，中国银监会发布《节能减排授信工作指导意见》。该文件确定了"区别对待"的授信原则，对限制类和淘汰类的项目进行授信限制。对列入国家产业政策限制和淘汰类的新建项目，不得提供授信支持。

2007 年，国家环保总局（即今环保部）、央行、中国银监会三部门联合推出绿色信贷政策《关于落实环境保护政策法规防范信贷风险的意见》，旨在通过在金融信贷领域建立环境准入门槛，切断严重违法者的资金链条，遏制高污染、高耗能企业的投资冲动。"对环境行为信用良好的企业，银行可以从授信规模、利率优惠等方面予以支持。对环境行为较差的企业，则可以从降低授信额度、提高利率价格等方面予以限制。"

2007 年，中国进出口银行出台了《中国进出口银行贷款项目环境与社会评价指导意见》。中国进出口银行对其所投资或提供贷款的项目要求必须进行项目实施前的环境影响评价，项目进行中的环境措施实施，以及项目完成后的环境评估。对于环境标准，所有项目都是在比较中国的环境标准与东道国的环境标准后，选择其中较高者。

2012 年，中国银监会印发了《绿色信贷指引》，要求银行业金融机构应当推进绿色信贷，防范环境和社会风险，提升自身的环境和社会表现。环境和社会风险是指银行业金融机构的客户及其重要关联方在建设、生产、经营活动中可能给环境和社会带来的危害及相关风险，包括与耗能、污染、土地、健康、安全、移民安置、生态保护、气候变化等有关的环境与社会问题。

对银行业的要求

中国银监会和中国银行业协会先后颁布文件，对银行业提出履行社会责任的要求。

2007 年，银监会发布《关于加强银行业金融机构社会责任的意见》。该文件要求大型银行比照联合国"全球契约"社会责任十项基本原则，履行社会责任，推动大型银行编制社会责任报告。2009 年，中国银行业协会颁布《中国银行业金融机构企业社会责任指引》，是对银监会发布的《关于加强银行业金融机构社会责任的意见》的扩展和补充。该指引将银行业金融机构的企业社会责任概括为经济责任、社会责任和环境责任，并且要求各银行业金融机构在每年 6 月底前向中国银行业协会提交上一年度的企业社会责任报告。

商务部针对企业海外可持续运营出台了一些政策指引和规范，例如《中国企业境外可持续森林培育指南》（2007 年 8 月）、《中国企业境外森林可持续经营利用指南》（2009 年 3 月）等，在项目审批和海外运营年审中也设有环保要求的内容。2013 年 2 月 28 日，商务部、环境保护部联合发布《对外投资合作环境保护指南》，以指导中国企业进一步规范对外投资合作中的环境保护行为，及时识别和防范环境风险。在颁布这些法规政策后，政府可以开展项目运营检查，将存在问题的企业记录在案，作为未来项目审批的考察因素之一。

2013 年 3 月 22 日，商务部发布《规范对外投资合作领域竞争行为的规定》，提出将会同有关部门建立对外投资合作不良信用记录制度，因不正当竞争行为被记录在案的企业 3 年内不得享受国家有关支持政策。在这个规定中，商务部要求企业坚持互利共赢、共同发展的原则，建立健全科学规范的项目决策机制和质量管理制度；重视环境保护，维护当地劳工权益，积极参与当地公益事业，履行必要的社会责任。这将在一定程度上促进在海外运营的中国企业更为重视企业社会责任问题。

《规范对外投资合作领域竞争行为的规定》中也提出企业外派人员应当取得项目所在国（地区）政府批准的用工指标，并符合当地有关法律规定的用工比例，不得通过压低劳工成本获得各类对外投资合作项目。①

2013 年 1～3 月，商务部、安全监管总局、外交部、发展改革委、住房城乡建设部、国资委联合组织开展境外中资企业安全生产质量大检查专项行动，以加强对境外中资企业安全生产质量的督导和检查，提高境外企业安全生产的意识和能力，完善境外安全生产管理制度。②

对央企的要求

2008 年，国务院国有资产监督管理委员会发布《关于中央企业履行社会责任的指导意见》（以下简称《意见》），要求中央企业认真履

---

① 商务部《规范对外投资合作领域竞争行为的规定》，商务部网站，2013 年 3 月 22 日。

② 六部门开展境外中资企业安全生产质量大检查行动，商务部网站，2013 年 1 月 18 日。

行好社会责任，实现企业与社会、环境的全面协调可持续发展。

《意见》具体要求中央企业坚持依法经营，诚实守信，不断提高持续盈利能力，切实提高产品质量和服务水平，加强资源节约和环境保护，推进自主创新和技术进步，保障生产安全，维护职工合法权益，参与社会公益事业。《意见》特别提出，履行社会责任是中央企业参与国际经济交流合作的客观需要。在经济全球化日益深入的新形势下，国际社会高度关注企业社会责任，履行社会责任已成为国际社会对企业评价的重要内容。中央企业履行社会责任，有利于树立负责任的企业形象，提升中国企业的国际影响，也对树立我国负责任的发展中大国形象具有重要作用。

对"走出去"企业的要求

2009 年，商务部颁发《境外投资管理办法》，强调企业开展境外投资应当认真了解并遵守境内外相关法律法规、规章和政策，遵循"互利共赢"原则。

2010 年，中国的"十二五"规划针对"走出去战略"提出了更高更明确的要求，要求中国企业要履行社会责任、造福当地人民。

2011 年 3 月，商务部会同外交部、国资委和全国工商联联合发布了《境外中资企业（机构）员工管理指引》，要求境外中资企业应当了解当地的文化差异，尊重当地的风俗习惯，尤其注意维护当地员工的合法权益。例如，境外企业要与雇员签订劳动合同，为雇员提供符合法律规定及双方合同约定的工资待遇和社会医疗保险；境外企业（机构）要为雇员提供必要劳动保护，遵守东道国有关生产、技术和卫生安全标准，制定安全生产操作规程，避免安全事故发生，并为雇员办理相应的意外伤害保险。

2012 年 5 月，商务部、中央外宣办、外交部、发展改革委、国资委、国家预防腐败局和全国工商联联合颁布《中国境外企业文化建设若干意见》，把坚持合法、合规作为中国境外企业文化建设的主要内容，要求境外企业要认真履行社会责任，要努力为当地社会提供最好的商品和服务，保证经营活动公开透明，积极参与当地公益事业，将企业生产经营活动对环境的污染和损害降到最低程度，积极为当地培养管理和技术人才，促进当地就业。

2012 年 11 月，为进一步规范对外承包工程企业的海外经营行为，促进企业文化建设和综合实力的提升，推动企业积极履行社会责任，商务部委托中国对外承包工程商会编写了《中国对外承包工程行业社会责任指引》，从质量安全、员工发展、业主权益、供应链管理、公平竞争、环境保护和社区发展等七个方面，对企业履行社会责任提出了具体工作要求，明确了社会责任管理的要点。

2013 年 2 月，商务部、环境保护部印发了《对外投资合作环境保护指南》，旨在指导中国企业进一步规范对外投资合作中的环保行为，及时识别和防范环境风险，引导企业积极履行环保社会责任，支持东道国的可持续发展。该指南进一步细化了中国境外企业在环境保护方面的具体要求，尤其强调要熟悉当地的环保法律、为当地员工提供安全的工作环境以及对项目环境影响的评估。例如，第五条规定企业投资建设和运营的项目，应当依照东道国法律法规规定，申请当地政府环境保护方面的相关许可；第七条要求企业建立健全环境保护培训制度，向员工提供适当的环境、健康与生产安全方面的教育和培训；第八条规定企业应当根据东道国的法律法规要求，对其开发建设和生产经营活动开展环境影响评价，并根据环境影响评价结果，采取合理措施降低可能产生的不利影响。

国际机构和外国跨国公司的作用

诸多国际机构和外国政府机构对以上政策的制定提供了咨询服务，并参与组织和提供有关企业社会责任的培训。例如，国际金融公司（IFC）自2007年起就为银监会的相关政策文件起草提供咨询，德国的GTZ就为《中国对外承包工程行业社会责任指引》提供了支持。2007年6月，在时任中国国家主席胡锦涛访问瑞典期间，中国与瑞典共同签署了《关于企业社会责任合作的谅解备忘录》，瑞典政府和中国政府合作开设了一个企业社会责任的网站，并已举行了11次中瑞企业社会责任培训班。一些优秀的跨国公司也在为中国企业提供社会责任实践的范例，见专栏14-1。

专栏 14 – 1　跨国公司企业社会责任范例

帝斯曼是来自荷兰的生命科学与材料科学专业公司。目前，帝斯曼在中国拥有包括 26 个生产场地在内的 40 个分支机构，员工约 3 500 名，2012 年在中国的销售额为 17 亿美元。"生态＋"是帝斯曼的战略理念，旨在推动可持续创新产品和解决方案的开发，创造生态效益，并对生态效益进行有效衡量。除了生产对生态有益的产品外，帝斯曼在中国还致力于持续减少环境足迹。例如，帝斯曼中国的场地都采取了积极措施，通过循环能源使用和提高能源效率，减少能源消耗。同时，帝斯曼还努力减少水资源的使用，减少污染物排放和废物的产生。由于一系列节能项目的实施，帝斯曼中国场地的能源效率在 2012 年相比 2011 年有所提升，例如氮氧化物（NO_x）和二氧化硫（SO_2）等污染物的排放显著下降。帝斯曼中国场地的水资源消耗量分为地表水、地下水和自来水。2012 年，抽水总量从 2011 年的 700 万立方米下降到 570 万立方米，下降幅度达到 17%。帝斯曼工程塑料江阴场地开展了水资源节约项目，帮助本地抽水量实现大幅度下降。由于帝斯曼公司的卓越贡献，被中国城市经济可持续发展委员会授予"2012 年度可持续发展最佳企业"，被跨国公司领袖圆桌会议组委会授予"2012 年跨国公司在华公益贡献奖"。

巴斯夫是全球领先的化工公司，是中国化工领域最大的外国投资商之一。1986 年，巴斯夫在中国建立第一个合资企业。2012 年，巴斯夫大中华区销售额超过 51 亿欧元，员工人数为 7 305 名。2006

年，巴斯夫首倡并发起"1+3"企业社会责任项目，即每个公司带动其供应链中三大业务合作伙伴（供应商+客户+物流服务供应商），向他们传授企业社会责任的最佳实践，从而将企业社会责任原理和经验带给国内企业。之后合作伙伴们向自己的业务合作伙伴们传递企业社会责任最佳实践模式，以产生"雪球"效应。2007年和2009年，巴斯夫"1+3"项目连续两年被收录进《联合国全球契约年鉴》，作为最佳企业社会责任案例向全球传播和分享。迄今为止，项目已经在国内130余家企业中传播。继"1+3"项目成功实施后，巴斯夫与《WTO经济导刊》以及中远集团合作共同发布"金蜜蜂企业社会责任·中国榜"，该榜单每年发布一次，以表彰在履行企业社会责任方面表现突出的公司，有力地推动了企业社会责任理念在中国的传播。

资料来源：帝斯曼公司中国网站，中瑞企业社会责任网站，作者访谈

起步阶段的中国企业社会责任实践

国内的实践

在2005年之前，中国几乎没有发布企业社会责任报告的企业。2006年有11家企业发布其首份社会责任报告，其中最引人注目的是

国家电网 2006 年 3 月 10 号发布的央企第一份社会责任报告，以及中国远洋集团发布的世界第一份按照 GRI2006 版要求编写的社会责任报告。此后主动发布社会责任报告的企业逐年增加，到了 2012 年，共有1 337 家中国企业发布社会责任报告（见图 14 – 1）。

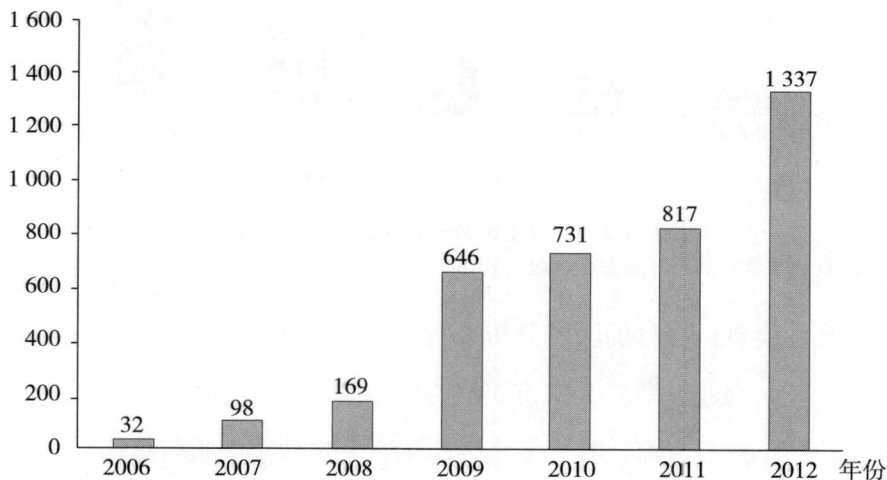

图 14 – 1　发布企业社会责任报告的中国企业数

资料来源：《金蜜蜂中国企业社会责任报告》，其中 2012 年的数据截至 10月份

根据润灵环球责任评级的报告，上市公司披露的社会责任报告总数从 2009 年的 371 家逐年增长到 2013 年总数达到 644 家。发布社会责任报告的上市公司包括按规定必须披露和自愿披露两种，每年按规定必须披露的公司数量从 2009 年的 321 家增加到 2013 年的 387 家，每年自愿披露的上市公司的数量也在同期大幅增加，从 2009 年的 50家增加到 2013 年的 257 家（见图 14 – 2）。

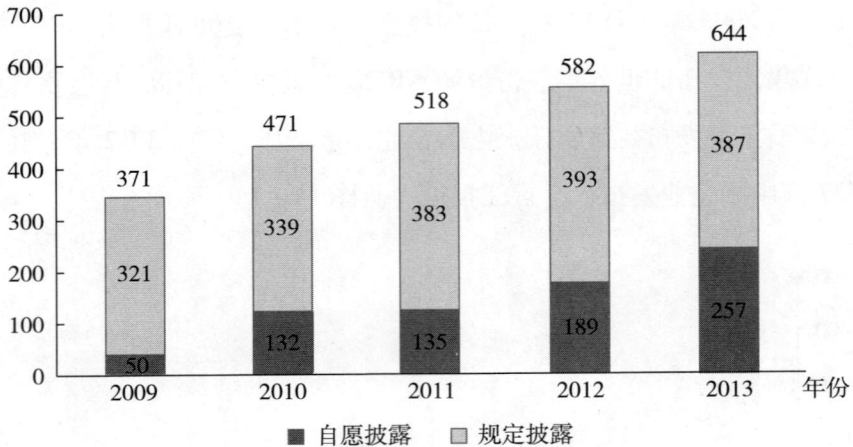

图 14－2　A 股上市公司社会责任报告披露数

资料来源：润灵环球责任评级（RKS）

从社会责任报告的区域分布来看，超过 50% 的报告来自北京、上海、广东、福建及浙江五省市，成为社会责任报告发布的主体。经济欠发达的宁夏、青海、甘肃等省区，只有个位数字的报告披露。北京、上海、广东、福建及浙江的人均 GDP 在 13 809 美元到 5 523 美元之间，而宁夏、青海、甘肃的人均 GDP 则在 4 188 美元到 2 544 美元之间，社会责任报告的披露明显受到经济环境影响。

另外，加入联合国全球契约组织的中国企业逐渐增加，到 2012 年已经达到 219 家（见图 14－3）。

截至 2012 年年底，已有 4 只社会责任基金、8 只相关投资方向的基金、4 只相关专户、2 只相关指数面市。多家基金公司表示，会考虑选股对象的社会责任履行情况，包括诚信问题、公开舆论谴责、环境污染、员工利益保障、公益慈善等方面。

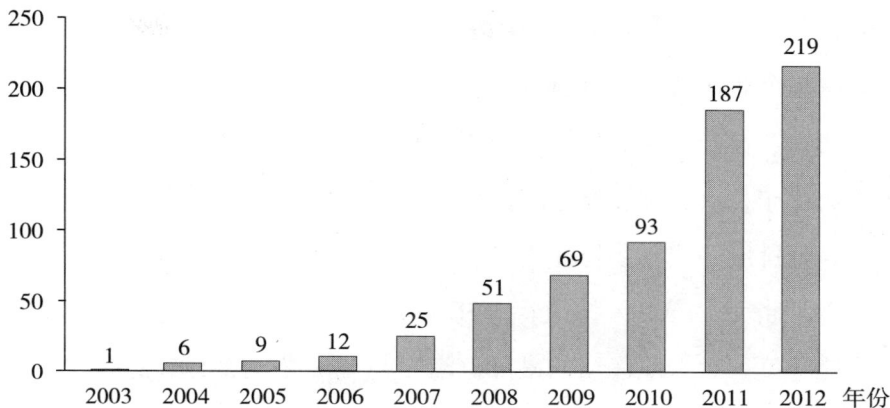

图 14 - 3　加入联合国全球契约组织的中国企业数
资料来源：联合国全球企业组织网站 http：//www. unglobalcompact. org/

"走出去"企业的社会责任实践

从前面的讨论可以看到，中国企业的社会责任实践还处于起步阶段。对于中国的企业家们来说，从学习了解，到形成理念，付诸行动，建立制度，将会是一个逐步发展和改善的复杂过程。在这个过程中，有些企业可能会犯比其他企业多的错误，蹒跚而行；但也有很多企业成为履行企业责任的先行者，为其他企业树立榜样。

先进的例子

2012 年世界经济论坛和波士顿咨询公司合作的报告《中国企业国际化新兴最佳实践——全球企业公民挑战》，介绍了一批中国领先的国际企业，它们在开拓全球市场过程中正在积极履行全球企业公民责任。这些企业在海外追求自身经济利益的同时，还致力于为当地社区创造切实、长久的经济与社会效益。报告中选取的企业公民实践案例遍布亚、非、欧、拉美等地区，从事的活动包括促进就业、供应链管理、绿色科技、社区参与和同业者合作等。例如，中化集团在阿联酋等国进行油气生产时严格执行 HSE（健康、安全、环境）管理体系，有效地避免了对当地环境的破坏。海尔与国际公司合作，进行绿色技术的研发，有效地降低了其产品中氟的排放，由于在绿色技术上的贡献，海尔获得了美国、意大利、希腊等国政府的奖励性补贴。中国五矿为澳大利亚土著居民提供教育、培训和工作机会。中信建设根据安哥拉基础设施被破坏殆尽的情况，摒弃了传统的设计模式，根据当地社区重建的需要，设计了一个覆盖建筑产业链的本地化运营计划，带动了当地的基础工业建设和劳动力市场繁荣。

此外，还有很多这样的先进案例。

蓝星集团的三家海外企业，法国蓝星有机硅国际、法国安迪苏集团以及澳大利亚凯诺斯公司，都能够积极履行企业社会责任：[①]
（1）法国蓝星有机硅国际签署了国际化学协会（ICCA）的"责任关怀"（Responsible Care）全球宪章，致力于在改善安全、维护健康与保护环境的前提下进行公司运营。同时，公司采用独有的质量、安全、卫生、

---

① 作者对蓝星海外企业社会责任经典案例的总结，网址：http：//company. chinadaily. com. cn/bluestar/2011 – 06/20/content_ 12737766. htm。公司网站。作者访谈。

环保（QHSE）管理系统，将产品安全、运输安全与环境保护、工业卫生提升等不同层面紧密地结合在一起。（2）法国安迪苏集团研发的反刍动物产品用于奶牛，促进奶牛生长，增加产奶量和牛奶中的蛋白质含量，能够有效避免人为加入三聚氰胺等化学品。安迪苏有完备的三废处理装置，从未发生过环境污染事故。同时，安迪苏也建立了完善的员工安全和健康保护体系，没有发生过人身伤亡事故。（3）澳大利亚凯诺斯公司严格执行国际先进水平的安全、环保、健康运行系统和质量管理制度，连续16年未发生一起安全、环保、健康和质量事故。该公司还主动投资节水技术改造项目，2006年、2007年都获得所在澳大利亚维多利亚州节水奖。

华为是中国民营企业的代表以及全球领先的通信企业。在中国社科院发布的2012年《企业社会责任蓝皮书》中，华为排名第六，在民营企业中排名第一。在"走出去"过程中，华为在消除数字鸿沟、推进绿色环保等方面获得了广泛的赞誉和认可。2009年年底，华为启动"绿色认证"计划，内容涵盖能效、再生能源使用、重量、包装、有害物质、回收、噪声和电磁辐射安全等绿色环保领域的所有法规、指令、标准与要求。华为建立了全球首个Tier IV等级的集装箱数据中心，实现了PUE小于等于1.5，第一期年节约用电高达172万千瓦时。2012年，华为在全球范围内共处理废弃物量7 336吨，其中96.6%原材料实现再利用，343吨危险废弃物进行焚烧处置，只有约3%的回收废物采取符合环境法规要求的最终处置填埋。此外，华为还广泛参与当地的公益事业。为帮助印度偏远地区的学生普及基本的电脑知识，华为主持的 E – HOPE 项目计划每年向 10 万名学生提供电脑知识教育，目标是在未来的 2～3 年内建立覆盖 1 000 所学校的知识网络。2012 年，华为在菲律宾发生台风灾害后积极提供援助，并赞助菲律宾的基金会实施环保项目；在阿联酋、意大利、英国等地开展"海外优秀大学生赴华为工作体验项目"。

华为还非常重视供应商在道德、环境、健康与安全以及劳工标准等方面的表现。在供应商绿色运营管理方面，华为采取了一系列的措施。第一，华为基于电子行业行为准则（EICC）、SA8000 社会责任国际标准和 ISO26000 社会责任指南，结合客户要求和行业特点，制定了对供应商的企业社会责任要求，并将这些要求纳入供应商社会责任协议，要求所有供应商签署。第二，对所有新引入的供应商，华为会进行全面的管理体系认证，包括企业社会责任体系认证，认证评审合格后才能成为合格供应商。第三，华为将社会责任纳入全球供应商日常管理流程，对供应商社会责任风险进行评估，识别风险等级，重点关注高风险国家和地区、高风险供应商和高风险问题。第四，华为采取多种措施提升供应商的社会责任管理能力，包括每年召开多次全球供应商大会，通过华为高层和专家向供应商宣传华为供应商社会责任管理标准、要求、策略和方案，邀请客户高层和专家传达国际企业社会责任的发展趋势及业务发展对企业社会责任的要求，邀请供应商代表分享他们的成功经验，举办企业社会责任管理专题研讨会和培训课程，就相关热点难点议题与供应商交流等。为鼓励供应商采取创新的方式开展节能减排，构建绿色供应链，华为还致力于推行"绿色伙伴认证"计划。2011 年，27 家供应商通过了华为绿色伙伴认证。

中国铝业公司于 2007 年 8 月 1 日完成了对加拿大秘鲁铜业公司 91% 股份的收购，获得了秘鲁铜业公司特大型铜矿——特罗莫克铜矿的开采权。中铝到秘鲁不是马上采矿，而是先从保护环境、保护水源和社区建设做起，与当地社区建立了良好关系。中铝前期在这里投资 8 亿多美元，购买了采矿权。后来又投资 15 亿～20 亿美元进行采矿前的准备，其中一大部分资金用于社区服务。过去 70 年间的无序开采给这一地区带来了严重的环境问题。在深入了解当地情况之后，中铝在 2008 年投资 5 000 万美元设计和建立了一个隧道污水处理厂。该污水处理厂已于 2010 年年底正式投入使用，为当地带来了洁净的饮用水，获得了当地民众的信任。为妥善解决矿区居民的安居问题，中铝斥资 2.17 亿美元在莫罗科查附近建了一座可安置 3 200 名居民的新城镇及基础设施，另外拨付 5 000 万美元用于搬迁。中铝的管理团队雇用熟悉当地情况的加拿大籍和秘鲁籍经理，这些管理人员都会讲英语，按照国际标准来管理企业。

2013 年 1 月 31 日**中铝矿业国际**挂牌，在摩根士丹利、法国巴黎银行、中金、渣打几家保荐人助力下，中铝矿业获得五家基石投资者支持，荷兰多种商品交易商 Trafigura Beheer B. V.、从事大宗商品营运开采等业务的鸿帆控股集团有限公司、Louis Dreyfus Commodities Metals Suisse SA、铜陵有色金属集团控股有限公司、Rio Tinto International Holdings Limited（力拓集团下属公司）合计认购总值 2.4 亿美元股份，锁定了中铝矿业发行规模的约 60.4%。

溢达集团虽然不是一个家喻户晓的名字，但它是一些西方最知名服装企业的供货商，其客户包括 Marks & Spencer、Hugo Boss、Nike、Tommy Hilfiger 等。这家有着近 30 年历史的纺织公司立足中国，将业务扩展到了马来西亚、斯里兰卡、越南和毛里求斯。公司 45 000 名员工中，大约 95% 在厂房里为公司的西方客户纺织、印染和缝纫棉质衬衫。

溢达实现企业社会责任的方式是全方位的，包括公平的工资和福利，广泛的雇员培训，与国际劳工准则相一致的管理法规，为减少公司每个生产环节对环境的污染所做的全面的努力。其每一个工厂每年都要对各种道德合规事宜进行审核达 30 次。当公司在 2003 年需要关闭毛里求斯的工厂时，公司制订了一个支持计划，帮助大部分员工找到新工作，并且同时确保直到关闭之前，工厂的生产没有受到干扰和影响。在马来西亚，由于对员工进行了技能培训，公司的生产时间缩短，产品质量以及员工士气提高。在中国，当意识到 HIV/AIDS 这种疾病并没有被广泛认识时，公司马上为其 30 000 名员工提供了一个关于 HIV/AIDS 疾病的培训。除了所有工厂都获得了 ISO14000 和 9000 的认证外，溢达在环境可持续性方面的努力也十分细致，它跟踪收集每一个生产环节（例如，旋转和纺织）所消耗的水和能源、废水污染、废气排放、运输产品和包装材料的车辆的尾气排放。

溢达以其卓越的经营方式赢得了客户、媒体和行业的肯定和表扬，从而开始改变人们认为亚洲纺织工厂工作条件和标准普遍低下的印象。①

提供的就业机会

中国企业对外直接投资为当地居民提供了大量的工作机会。从2007年到2010年，中国境外企业就业人数从65.8万人增加到106.1万人，其中外方雇员所占比重同期从46.85%增加到71.08%。受到全球金融危机的影响，大量外国跨国公司纷纷裁员、减产。中国企业虽然也受到了冲击，例如2009年境外企业雇员下降了5.5%，但受到影响的主要是中国员工，雇用外方人员数量一直在上升（见表14-1）。

表14-1　中国企业海外市场雇用情况（2007～2010年）

年　份	境外企业就业人数（万人）		
	非金融类	金融类	总　计
2007	65.8	2.63	68.43
2008	94.5	8.1	102.6
2009	94	3	97
2010	106.1	4.2	110.3
其　中	雇用外方人员数（万人）		
	非金融类	金融类	总　计
2007	29.5	2.56	32.06
2008	37.6	7.9	45.5

---

①　联合国契约组织季刊，2006.

年　份	雇用外方人员数（万人）		
	非金融类	金融类	总　计
2009	42.87	2.93	45.8
2010	74.3	4.1	78.4
	雇用外方人员比重		
	非金融类	金融类	总　计
2007	44.83%	97.34%	46.85%
2008	39.79%	97.53%	44.35%
2009	45.61%	97.67%	47.22%
2010	70.03%	97.62%	71.08%

资料来源：《中国对外直接投资统计公报》

　　整体而言，中国企业在政策法规完善的发达国家的经营更加规范，企业社会责任履行情况也更好。[①] 在发展中国家，中国企业社会责任履行情况也有所进步。中非合作论坛与浙江师范大学等组成的课题组在 2011～2012 年间对尼日利亚、马里、埃塞俄比亚、苏丹、南非、赞比亚等 6 个非洲国家进行了实地考察，重点对上述国家的中国企业经营和履行社会责任的情况进行了调研。他们发现，有 88.8% 的被调查者同意或基本同意"中国在非企业履行社会责任取得了进步"的观点，说明绝大部分中国企业履行社会责任情况在大部分非洲国家取得了进步，特别是在肯尼亚、纳米比亚、坦桑尼亚、尼日尔、贝宁、

---

① Gonzalez Vicente，2009；Myers，2011

中非、几内亚、乍得。在加纳和赞比亚，也有 2/3 的被调查者同意这个观点。①

如何看待中国的企业社会责任实践

第一，中国的企业社会责任的政策制定和企业实践是远超出其经济发展阶段的。正如前面讨论到的，自 2006 年以来，中国已经制定了一系列有关企业社会责任的法规和政策，其中包括事后评估等其他国家没有的要求，而且已经有一批先进的企业开始令人信服的企业社会责任实践。而发达国家的企业和国际机构，在中国现在的发展水平时，也就是 20 世纪 60～70 年代，几乎还没有开始考虑把企业社会责任以及类似的政策融入其投资决策中。因此，中国的企业社会责任的政策制定和企业实践是远超出其经济发展阶段的。详见表 14-2、专栏 14-2 和图 14-4。

表 14-2　发达国家人均 GDP 和相应年代

人均 GDP	2 000~3 000 美元	大约 6 000 美元
美国	1951 年	1973 年
英国	1960 年	1978 年
德国	1970 年	1975 年

---

① 中国企业在非洲履行社会责任调查，http：//www. fmprc. gov. cn/zflt/chn/xsjl/xzhd_ 1/1/t1031605. htm.

（续表）

人均 GDP	2 000 ~ 3 000 美元	大约 6 000 美元
法国	1965 年	1975 年
日本	1970 年	1977 年
平均	20 世纪 60 年代	20 世纪 70 年代

资料来源：WDI

专栏 14 -2 企业社会责任的里程碑事件

1980 ~ 1983 年，南非宪法加剧了减资运动，以终结南非的种族隔离制度。

1987 年，布伦特兰委员会发布报告"我们共同的未来"，该报告首次引入了名词"可持续发展"。

1988 年，第一批"社会报告"和"社会表现评估"由英美的一些公司发表。

1990 年，"政府间关于气候变化的专家委员会"公布了其第一份评估报告。

1992 年，里约地球峰会举行，发布关于环境发展的《里约宣言》。

1992 年，联合国气候框架协议正式生效。

1992 年，位于美国本土的机构"基于社会责任的商业"成立。

1995 年，WTO 建立。

1997 年，《京都议定书》正式生效。

1997 年，短语"三重底线"（经济、环境和社会底线）在约翰·

艾尔金顿的著作《餐叉食人族》中出现。1997 年，全球报告倡议发起。

1999 年，联合国全球契约组织成立，道琼斯可持续指数建立，这是首个追踪结果的全球性指标。

1999 年，在西雅图的 WTO 抗议活动反映了对全球化对可持续发展的负面影响的焦虑。

2005 年，卡特里娜飓风袭击美国新奥尔良，增加了人们对气候变化的担忧。

2006 年，联合国"负责任的投资原则"创立。

2008 年，雷曼兄弟倒闭。

2010 年，墨西哥湾"Deepwater Horizon"钻井平台发生爆炸。

2011 年，联合国开始采用人权指导准则。

第二，总体来看，中国的企业社会责任实践离现行的国际标准还有不小的差距，并且中国国内的标准常常低于投资东道国的标准，这是可以预期的。这不仅和中国的发展阶段有关，也和中国企业在海外投资的历史很短有关。中国企业履行社会责任很多还处于非系统的、一事一议的状态，而不是主动地把承担社会责任与企业发展战略相结合，也没有形成可持续的制度化的运作机制，没有将社会责任内化为企业的价值观。[①] 这意味着中国企业的学习曲线相比其他国家的公司

---

① 商务部研究院，2011。

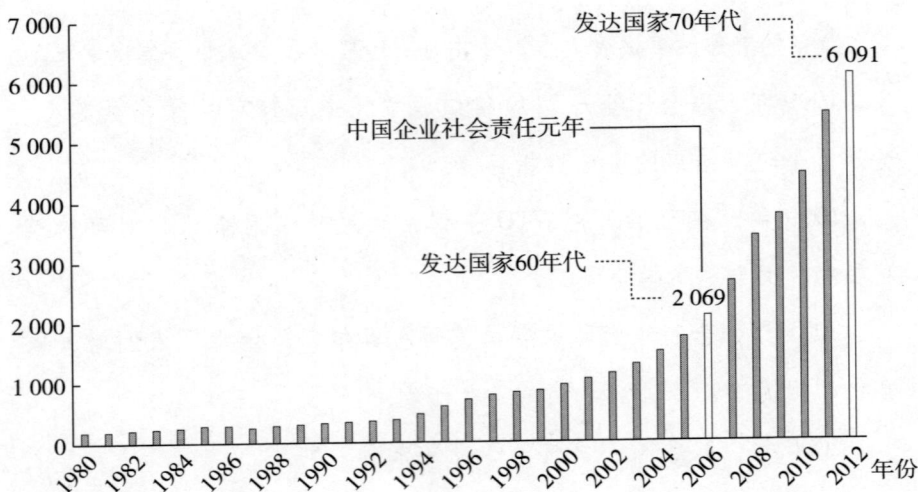

图 14 - 4   中国的企业社会责任和人均 GDP（美元）

资料来源：WDI

更加陡峭。中国企业需要更多的时间，花费更多的精力，学习和消化投资东道国对企业社会责任的要求，在充分理解的基础上学会适应这些要求和理念，并将其应用到企业的管理和决策系统中去。[①]

第三，中国公司的企业社会责任实践面临着特殊的挑战。例如，中国公司的海外直接投资很多在采掘和基础设施行业。而在这两个行业投资的企业，包括西方企业，都面临很多的环境和社会问题的挑战。以水电工程为例，在发展中国家只有不到 20% 的水电资源得到了开发，在非洲这一比例仅为 5%，而经合组织成员

---

① 毕马威和中国贸易促进委员会联合发布的《中国企业海外绿色运营报告》对中国企业的社会责任实践有详细的分析。

国则高达 80%。很多容易获得的水利资源项目已经建成，中国的水电承包商只有在偏远、地势复杂、需要运用较先进的技术的地区才能得到较多的机会，而这些地区往往具有较高的生态价值，环境敏感度很高。①

中国人民银行行长周小川在 2013 年 7 月的 G20 会议上提出，应"理性看待、妥善处理长期投资与环境保护间的关系。中国近年来在参与国际上的基础设施投资的同时也在加强对环境影响的讨论和分析，任何大规模的长期投资项目都难免会遇到环境影响问题，相关国际机构可作为独立的第三方对此进行理性评估与分析，促进各方对于基础设施建设和环境保护相互关系的理解"。

第四，除了努力履行企业社会责任实践外，中国企业还要学习和企业社会责任相匹配的必要技能，例如公共关系的技能，与工会打交道的技能等。正如 Irwin 和 Gallagher（2013）指出的那样，一个在秘鲁的中国钢铁厂（首钢），和另一个与其情况类似的美国钢铁厂（Doe Run）相比，在企业社会责任上表现相当并在某些重要指标上表现更好（见图 14 - 5）。但是因为和工会的关系紧张，造成其工人罢工的次数远高于那家美国钢铁厂，因而中国钢铁厂受到的负面报道甚至负面的研究结论更多。②

在经济全球化的大背景下，未来具有国际竞争力的企业，应该是

---

①　毕马威等，2013。

②　这也和某些媒体的偏颇以及学者没有做详尽的调查了解有关。

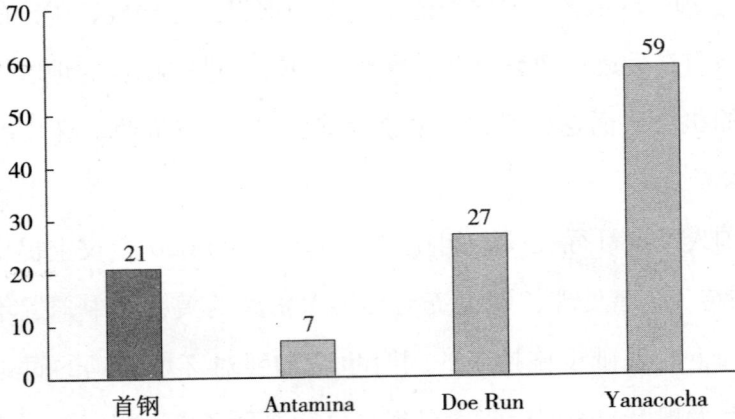

图 14 – 5 平均年度环保罚款（1 000 美元）

资料来源：Irwin and Gallagher（2013）

技术领先、管理领先并对社会负责任的企业，是把对社会、环境以及企业利益相关者的责任成功融入企业战略、组织结构和经营过程的企业。一批先进的中国企业已经取得了不小的成绩，但整体来说，中国企业还有很长的路要走。

和其他新兴市场国家一样，中国的对外投资自 21 世纪初以来发展迅猛，并保持着蓬勃的势头。对于这个新的现象，就像对于任何新的现象一样，人们需要时间了解、习惯、接受。中国的特殊国情和历史文化背景，以及还在不断发展和完善的市场经济，使得客观了解中国的对外直接投资可能需要花费更多的时间和精力，也可能需要更多一点兴趣和耐心。

中国问题的复杂性在于，它除了是一个发展中国家以外，还是一个转轨经济国家。在改革没有完成的过渡时期，基本体制可能是有缺陷的，这是因为改革是一个动态的过程，它是在各种条件的约束下，在各种利益冲突的制约当中逐步展开和完成的，不可能一蹴而就。打破旧制度可以是一夜的事情，但是建立新制度是一个长期的过程。在这个时期，体制看起来有些四不像，既不是传统的，又不是理想状态的。但改革正是在这样一个"四不像"接着另一个"四不像"的演变过程中逐步完成的。①

① 樊纲 . 市场化改革再出发 . 21 世纪经济报道 . 2013. 7. 27.

　　一位在国际私募股权机构工作了 20 年多的投资人对笔者表示，"20 年前我们来中国投资时，如果我们用非常熟悉的、用起来驾轻就熟的西方的投资评估方法来评估中国企业，几乎没有中国企业符合我们的投资合作标准。但是当初我们将中国的历史和所处的经济发展阶段予以综合考虑，将评估标准也根据每个企业的情况和具体项目予以酌情修改。这个选择虽然使得我们对每一个目标中国企业的可行性研究工作需要花费更多的时间和精力，但是现在回头来看，当初那个选择和因此多花的评估成本是非常值得的。因为它使我们不会错过真正好的投资机会。在过去 20 年里，我们和中国企业投资合作的回报比相比任何一个国家企业投资合作的回报都要更高。"

　　对中国经济有着深厚了解的澳大利亚国立大学的 Drysdale 教授提示到，根据过往的所有证据，顺应民族主义对外国投资的抵触，会对经济极具伤害性，也会在政治上造成不好的后果（Drysdale，2011）。英国《经济学人》杂志也这样写道，"拒绝中国的进步会是对后代人的负面服务，同时也是对资本主义信心的一个极为悲观的声明。"①

　　今天的世界处在人类历史上相互依存度最高、相互联系最为紧密的时代。② 国与国之间，企业与企业之间，都在更广泛和更深入的

---

① The Economist, China buys up the world, And the world should stay open for business. Nov. 11, 2010.

② 达沃斯论坛网页。

层面上合作与竞争。正如中国经济的崛起一样，中国的对外直接
投资是全球化背景下世界经济增长中积极正面的力量。它在需要
世界了解和接纳的同时，也将带给世界经济秩序和投资规则深远
的影响。

希望这本书能够帮助读者增进对这一领域的了解。

1. 毕马威和中国贸促会．中国企业海外绿色运营报告．2013.

2. 戴春宁．中国对外投资项目案例分析：中国进出口银行海外投资项目精选．2009.

3. 海费茨．B. A. 俄罗斯企业走向全球化：现状与前景［J］．俄罗斯研究，2008（4）.

4. 黄武俊，燕安．中国对外直接投资发展阶段实证检验和国际比较［J］．对外经济贸易大学学报，2010（1）.

5. 姜建清．以对外投资促经济转型［J］．财经，2012（3）.

6. 李建萍．中国与日本对外直接投资的出口效应比较［J］．经济导刊，2005（10）.

7. 李捷．全球化条件下中国企业国际化战略研究［J］．武汉大学，2005.

8. 联合国贸易和发展会议，2006 世界投资报告．

9. 刘文炳．中央企业国际竞争力研究［M］．北京：中国经济出版社，2011.

10. 楼继伟．前董事长兼首席执行官致辞．中国对外投资有限责任公司 2012 年年报．

11. 吕琳琳．海外并购的战略差异和启示［J］．财会学习，2012（8）．

12. 秦晓．政府与企业："走出去"战略中的两个行为主体及它们的功能和角色．2006 年 12 月 5 日《财经》年刊《2007 年：预测与战略》．

13. 商务部．中国对外直接投资统计公报．

14. 商务部研究院．"走出去"营造新优势［M］．北京：中国商务出版社，2011．

15. 邵宁．中国国有企业改革的前景和面临的挑战［J］．理论前沿，2007（20）．

16. 申晓方．中国在非洲的民营投资：现实与机遇［J］．国际经济合作，2013（8）．

17. 王梅．"走出去"战略．《"十二五"规划实施中期评估报告》第八章．2013．

18. 王拓，叶金星．"企业办社会"必须改革［J］．企业经济，1990（8）．

19. 肖涵．金砖四国新兴市场跨国公司比较研究［D］．复旦大学，2009．

20. 易纲．抓住机遇，防范风险，以平常心看待企业"走出去"．2012（7）．

21. 张斌，王勋，华秀萍．中国外汇储备的名义收益率和真实收益率［J］．经济研究，2010.

22. 张宗斌．日本大规模对外直接投资的经验教训［J］．前线，2009（4）．

23. 中国贸促会，中国企业海外投资及经营状况调查报告（2012）．

24. 周明舰，王震．中国大收购：中国企业崛起的海外艰难征战［M］．北京：石油工业出版社，2009.

25. Aguinis, H. and A. Glavas. "What We Know and Don't Know About Corporate Social Responsibility: A Review and Research Agenda." *Journal of Management* 38（4）：932－968（2012）．

26. Araya, M. "Exploring Terra Incognita: Non－financial Reporting in Latin America." *Journal of Corporate Citizenship* 21, spring：25－38（2006）．

27. Arora, Bimal and Aparna Mahajan 2010 inVisser, W. A. M. and N. Tolhurst. *The World Guide to CSR: A Country－by－Country Analysis of Corporate Sustainability and Responsibility*. Greenleaf Pub（2010）．

28. Baskaran, A., Ju Liu, and Mammo Muchie. "Exploring the Outflow of FDI from the Developing Economies: Selected Case Studies." DIR Research Series Working Paper NO. 149.（2011）．

29. Baughn, C., Bodie, N., and McIntosh, J., "Corporate Social and Environmental Responsibility in Asian Countries and Other Geographical Regions." *Corporate Social Responsibility and Environmental Management*, 14, 4, pp. 189－205（2007）．

30. Bhagwati, J., Elisa Dinopoulos, and Kar – Yiu Wong. "International Factor Mobility: New Issues" AEA Papers and Proceedings, Vol 82, Nos. 2. (1992).

31. Block, F. "Swimming Against the Current: The Rise of a Hidden Developmental State in the United States" Politics & Society June 2008 36: 169 – 206.

32. Boddewyn, J. B.. Political aspects of MNE theory. Journal of International Business Studies, 341 – 363. (1988, Fall).

33. Buckley, P. J. and F. B. Castro. "The Investment Development Path: The Case of Portugal," Transnational Corporations, Vol. 7, no. 1: 1 – 15. (1998).

34. Campanario, Milton de Abreu, Eva Stal and Marcello Muniz da Silva. "Outward FDI from Brazil and Its Policy Context". *Columbia FDI Profiles*. Vale Columbia Center on Sustainable International Investment. (2012).

35. Chapple, W. and J. Moon. "CSR Agendas for Asia." *Corp. Soc. Responsib. Environ. Mgmt*, 14: 183 – 188 (2007).

36. Cornish, M. "Behaviour of Chinese SOEs: Implications for Investment and Cooperation in Canada," February 2012.

37. Christmann, P. and G. Taylor. "Firm Self – regulation through International Certifiable Standards: Determinants of Symbolic versus Substantive Implementation." *Journal of International Business Studies*, 37: 863 –

878（2006）.

38. Deng，P. Outward investment by Chinese MNCs：Motivations and implications. *Business Horizons*，47（3），8 – 16.（2004）.

39. Doucin，M. "Corporate Social Responsibility：Private Self – Regulation is Not Enough." *A Global Corporate Governance Forum Publication.* IFC.（2011）.

40. Dunning，J. H. "Toward an Eclectic Theory of International Production：Some Empirical Tests," *Journal of International Business Studies*，11（1）：9 – 31.（1980）.

41. Dunning J. H. "Explaining the International Direct Investment Position of Countries：Towards a Dynamic or Development Approach"，*World Economic Review.*（1981）.

42. Dunning，J. H. "Multinational Enterprises and the Global Economy"（Workingham，England：Addison Wesley）.（1993）.

43. Dunning，J. H. "Comment on Dragon Multinationals New players in 21st Century Globalization," *Asia Pacific Journal of Management*，23（2）：139 – 141.（2006）.

44. Dunning，J. H.，Changsu Kim and Donghyun Park. "Old Wine in New Bottles：A Comparison of Emerging Market TNCs Today and Developed Country TNCs Thirty Years Ago"，in Karl P. Sauvant，eds，*The Rise of Transnational Corporations from Emerging Markets.* Edward Elgar.（2008）.

45. Downs, E. "Grappling with Rapid Energy Demand Growth", The Brookings Foreign Policy Studies. Energy Security Series. (2006).

46. Drysdale, P. "Chinese FDI in Australia." *China & World Economy*, Vol. 19. (2011).

47. Duetsche Bank Research. "Russia's outward investment", (2008).

48. Filippov, S. "Russian companies: the rise of new multinationals", International Journal of Emerging Markets, Vol. 5 Iss: 3 pp. 307 – 332. (2010).

49. Foster, V., William Butterfield, Chuan Chen and Nataliya Pushak. "Building Bridges: China's Growing Role as Infrastructure Financier for Sub – Saharan Africa", The World Bank. (2009).

50. Fox, Tom, Halina Ward, and Bruce Howard, Public Sector Roles in Strengthening Corporate Social Responsibility: A Baseline Study. World Bank. (2002).

51. Freeman, E. R. and Velamuri Moriarty. "Company Stakeholder Responsibility: A New Approach to CSR." Business Roundtable Institute for Corporate Ethics. (2006).

52. Gammeltoft, P. Emerging Multinationals: Outward FDI from the BRICS countries, Paper presented in the IV Globelics Conference at Mexico City. (2008).

53. Gammeltoft, Peter; Barnard, Helena; Madhok, Anoop "Emer-

ging multinationals, emerging theory: Macro – and micro – level perspectives", Journal of International Management 16 (2010) 95 – 101.

54. Goldstein, A. "Who's afraid of emerging – market TNCs? Or: are developing countries missing something in the globalization debate?" in Karl P. Sauvant, eds, *The Rise of Transnational Corporations from Emerging Markets*. Edward Elgar. (2008).

55. Gonzalez Vicente, R. The Developmental Impact of China's Investment in South America's Extractive Industries. Asian and International Studies, City University of Hong Kong. Master of Philosophy. (2009).

56. Greening, D. W., and B. Gray "Testing a Model of Organizational Response to Social and Political Issues." *Academy of Management Journal.* 37: 467 – 498 (1994).

57. Gugler, P. and Jacylyn Y. J. Shi, "Corporate Social Responsibility for Developing Country Multinational Corporations: Lost war in Pertaining Global Competitiveness?" 87 (1) *Journal of Business Ethics*, 3 – 24 (2009).

58. Hanemann, Thilo and Daniel H. Rosen, "China Investments in Europe". (2012).

59. He, D. Lillian Cheung, Wenlang Zhang and Tommy Wu. "How would Capital Account Liberalisation Affect China's Capital Flows and the Renminbi Real Exchange Rates?" Hong Kong Monetary Authority. (2012).

60. Hsueh, R. "China's Regulatory Regime and New Capitalism". Testimony before the US – China Economic and Secority Review Commission. (Feb. 12 2012).

61. Irwin, A. and Kevin P. Gallagher. "Chinese Mining in Latin America: A Comparative Perspective," *The Journal of Environment Development*. 22: 207 (2013).

62. IEA. World Energy Outlook (2010).

63. IEA. "Overseas Investment by Chinese National Oil Companies." (2011).

64. Kant, R. "The Rise of TNCs from Emerging Markets: challenges faced by firms from India. "in Karl P. Sauvant, eds, *The Rise of Transnational Corporations from Emerging Markets*. Edward Elgar. (2008).

65. Karl, P. S. and Victor Zitian Chen. "The salient features and drivers of China's outward foreign direct investment". (2013).

66. Knoerich, Jan. "Gaining from the global ambitions of emerging economy enterprises: An analysis of the decision to sell a Germanfirm to a Chinese acquirer," *Journal of International Management* 16. 177 – 191. (2010).

67. Kofele – Kale, N. "The political economy of foreign direct investment: A framework for analyzing investment laws and regulations in developing countries. " *Law and Policy in International Business*, 23 (3): 619 – 772. (1992).

68. Kojima, Kiyoshi. "The 'Flying Geese' Model of Asian Economic Development: Origin, Theoretical Extensions, and Regional Policy Implications", *Journal of Asian Economics*, 11, 375 – 401. (2000).

69. Kuemmerle, W. "The drivers of foreign director investment into research and development: an empirical investigation," *Journal of International Business Studies*, 30. (1999).

70. Landes, David S. *The Unbound Prometheus.* Cambridge: Cambridge University Press. (1969).

71. Lehne, R. *Government and Business: American Political Economy in Comparative Perspective.* CQ Press. March 2012.

72. Li, Shaomin, Marc Fetscherin, Ilan Alon, Christoph Lattemann, and Kuang Yeh. 2010. Corporate social responsibility in emerging markets – the importance of the governance environment. Management International Review: Journal of International Business 50 (5): 635 – 654. (2010).

73. Liu, H and KeQuan Li. "Strategic Implications of Emerging Chinese Multinationals: The Haier Case Study." *European Management Journal* Vol. 20, No. 6, pp. 699 – 706, December 2002.

74. Luo, Y., Qiuzhi Xue, Binjie Han. "How emerging market governments promote outward FDI: Experience from China." *Journal of World Business* 45 (2010).

75. Mazucato, Mariana. *The Entrepreneurial State: Debunking Public vs. Private Sector Myths.* Anthem Press 2013.

76. Milhaupt, Curtis J. , Is the U. S. Ready for FDI from China? Lessons from Japan in the 1980s. Columbia Law and Economics Working Paper No. 334. Available at SSRN: http: //ssrn. com/abstract = 1135233 or http: //dx. doi. org/10. 2139/ssrn. 1135233.

77. Moon, Hwy – Chang and Thomas W. Roehl. "Unconventional foreign direct investment and imbalance theory", *International Business Review*, 10, pp. 197 – 215. (2001).

78. Moran, T. Multinational corporations: The political economy of foreign direct investment. Lexington, MA: Lexington Books. (1985).

79. Myers, M. "China: Domestic vs. International Mining Operations. " Inter – American Dialogue: China and Latin America. (2011). Retrieved 15 Mar 2012, from http: //www. chinaandlatinamerica. com/2011/08/china – domestic – vs – internationalmining. html.

80. Nelson, R. *High Technology Policies: A Five – Nation Comparison.* Washington D. C. American Enterprise Institute, 1984. Nolan, P. *Is China Buying the World?* Plity Press. (2012).

81. Nolan, P. Jin Zhang and Chunhang Liu. "The global business revolution, the cascade effect, and the challenge for firms from developing countries". *Cambridge Journal of Economics*, 32 (1): 29 – 47. (2008).

82. OECD. Benchmark Definition of Foreign Direct Investment, 4[th]Edition. Paris. (2008). Available at www. oecd. org.

83. Ozawa, T. "Foreign Direct Investment and Economic Development", *Transnational Corporations*, 1992. 1 (1).

84. Porter, M. E. and M. R. Kramer. "Strategy and Society: The Link between Competitive Advantage and Corporate Social Responsibility." *Harvard Business Review.* (Dec. 2006).

85. Porter, M. E. and M. R. Kramer. "Creating Shared Value." *Harvard Business Review*, (Jan – Feb 2011).

86. Rodrik, D. "The Return of Industrial Policy" April12, 2010.

87. Rosen, D. andThilo Hanemann. "An American Open Doo r? Maximizing the Benefits of Chinese Foreign Direct Investment". *Center on U. S. – China Relations* Asia Society and *Kissinger Institute on China and the United States* Woodrow Wilson International Center for Scholars. (2011).

88. Rosen, D. and Trevor Houser. "China Energy A Guide for the Perplexed" (2007) available at http: //www. iie. com/publications/papers/rosen0507. pdf.

89. Rabin, H. & Ramkishen S. Rajan. "India as a Source of Outward Foreign Direct Investment." *Oxford Development Studies*, 38: 4, 497 –518. (2010).

90. Jones, Leroy P. , and Il Sakong. *Government, Business, and Entrepreneurship in Economic Development*: *The Korean Case*. Cambridge, U. K. : Council on East Asian Studies. (1980).

91. Shan, W. J. and Jaeyong Song. "Foreign Direct Investment and the Sourcing of Technological Advantage: Evidence from theBiotechnology In-

dustry. " *Journal of International Business Studies*, Vol. 28, No. 2 (2nd Qtr, 1997), pp. 267 – 284. (1997).

92. Studewell, J. *How Asia Works?* (2013), New York, Grove Press.

93. Thurow, L. C. *The Management Challenge*: *Japanese Views*. Cambridge, Massachusetts: The MIT Press. (1985).

94. UNCTAD. "World Investment Report" (2006).

95. Varma, R. and Daya R. Varma. "The Bhopal Disaster of 1984". Bulletin of Science Technology & Society. (2005).

96. Victor, D. "What resource wars?" *The National Interest*; (Nov/ Dec 2007).

97. Visser, W. A. M. and N. Tolhurst. The World Guide to CSR: A Country – by – Country Analysis of Corporate Sustainability and Responsibility. Greenleaf Pub. (2010).

98. Wesson, T. J. "An alternative motivations for foreign direct investment," Ph. D. dissertation, Harvard University. (1993).

99. Xu, Xiaojie. "China NOC's Overseas Startegies: Background, Comparison, and Remarks". The James Baker IIII Institute for Public Policy, Rice Universtiy. (2007).

100. Yamahaki, camila and Tarcila Reis Ursini (2010) inVisser, W. A. M. and N. Tolhurst. The World Guide to CSR: A Country – by – Country Analysis of Corporate Sustainability and Responsibility. Greenleaf Pub (2010).

附录 1

2009～2011 年全球和中国的最大 10 个并购交易对比

附表 1 2009～2011 年全球和中国的最大 10 个并购交易对比

2009年		全　球			中国－海外		
排名	投标公司	标的公司	交易价值（10亿美元）		投标公司	标的公司	交易价值（10亿美元）
1	辉瑞公司－里约	惠氏公司	63.27		中国石油化工总公司	阿达克斯石油公司	8.99
2	力拓/必和必拓（合资）	必和必拓	58.00		兖州煤业有限公司	菲利克斯资源有限公司	2.76
3	车辆购置控股有限公司	汽车清算公司（通用汽车大部分资产）	48.21		中国石油天然气股份公司	新加坡石油有限公司	2.42

（续表）

2009 年	全球			中国－海外		
4	罗氏控股有限公司	美国基因泰克公司（44.20% 股权）	44.29	中国石油天然气集团公司	石油和天然气资产（麦凯河及多弗尔油砂项目）	1.74
5	默克有限公司	先灵葆雅公司	43.20	中国对外投资公司	AES 公司（15.82%）	1.58
6	英国财政部	皇家苏格兰银行集团（14.10% 股权）	41.91	中国对外投资公司	泰克资源有限公司（17.223%）	1.51
7	埃克森美孚公司	XTO 能源公司	40.36	中国五矿集团公司	矿业资产（色彭,格登格罗夫,世纪,罗斯伯里,埃夫伯里,杜戈河,高湖,伊佐克湖及若干其他勘探和开发资产）	1.35
8	伯克希尔－哈撒韦公司	伯灵顿北方圣塔公司	35.57	中国对外投资公司	摩根士丹利（3.88%）	1.24

（续表）

2009年	全　球			中国－海外		
	投标公司	标的公司	交易价值（10亿美元）	投标公司	标的公司	交易价值（10亿美元）
9	美国财政部	Fe铁公司	25.00	中国对外投资公司	哈萨克斯坦国家石油勘探与生产公司（10.3881%）	0.94
10	卡夫食品有限公司	吉百利公司	19.61	中国化工集团公司	绿宝能源有限公司	0.88
合计			419.40			23.41

2010年	全　球			中国－海外		
排名	投标公司	标的公司	交易价值（10亿美元）	投标公司	标的公司	交易价值（10亿美元）
1	美国财政部	美国国际集团（60.8%股权）	48.00	中国石油化工总公司	巴西雷普索尔公司（40%）	7.11
2	美洲电信旗下CV公司	卡尔索全球电信SAB de CV公司	28.06	中国石油化工总公司	加拿大辛克鲁德公司（9.03%）	4.65
3	国际电源Plc	法国燃气苏伊士集团国际	27.28	广州汽车股份有限公司	骏威汽车有限公司（62.1006）	3.19
4	诺华公司	爱尔康公司（52%股权）	25.75	中国海洋石油有限公司	布里达斯公司（50%）	3.10

（续表）

2010年		全　球		中国－海外	
5	世纪链接 Centu-ryLink	奎斯特通讯国际公司	22.15	中国化工集团公司	石油和天然气资产公司（佩里格里诺油田）	3.07
6	VimpelCom公司	天气投资公司	21.99	中国石油化工股份有限公司	石油和天然气资产（阿根廷石油和天然气运营）	2.50
7	赛诺菲－安万特公司	健赞公司	17.86	中国海洋石油有限公司	石油和天然气资产（得克萨斯德南部页岩项目石油和天然气600 000净租赁英亩）	2.20
8	大都会人寿保险公司	美国人寿保险公司	15.54	中国化工集团公司	马克特信阿甘工业有限公司（60%）	2.19

（续表）

2010 年

	全 球			中国－海外		
	投标公司	标的公司	交易价值（10亿美元）	投标公司	标的公司	交易价值（10亿美元）
9	卡萨存贷款公司	埃尼公司（16.38%股权）	14.36	浙江吉利控股集团有限公司；大庆国有资产经营公司	沃尔沃汽车公司	1.50
10	巴登－符腾堡州土地公司	巴登－符腾堡州EnBW能源公司（54.99%股权）	14.08	中国工商银行	中国工商银行（亚洲）有限公司（27.1953%）	1.40
合 计			235.08			30.91

2011 年

排名	全 球			中国－海外		
	投标公司	标的公司	交易价值（10亿美元）	投标公司	标的公司	交易价值（10亿美元）
1	金德摩根公司	埃尔帕索公司	37.44	中国石油化工股份有限公司	巴西 Petrogal 公司（相关营运附属公司）	4.80
2	美国快捷药方公司	梅德科保健方案公司	33.43	中国三峡总公司	葡萄牙能源公司－EDP（21.349%）	3.53

（续表）

2011 年	全　球			中国－海外		
3	杜克能源公司	前进能源公司	25.83	中国对外投资公司	法国燃气苏伊士集团（勘探和生产部门）	3.27
4	新日本制铁公司	住友金属工业有限公司（90.6%股权）	22.47	中国石油化工股份有限公司	日光能源有限公司	2.90
5	强生公司	辛迪斯公司	21.19	兖矿集团有限公司	格鲁赛思特煤炭有限公司	2.46
6	联合技术公司	优丽奇公司	17.86	中国化工集团	埃肯公司（硅材料，铸造产品，碳和埃肯太阳能）	2.17
7	安博置业公司	普洛斯集团	14.83	中信集团；首钢总公司；鞍山钢铁集团；上海宝钢集团；太原钢铁集团	巴西冶金和采矿公司－CBMM（15%）	1.95
8	嘉吉公司（股东）	莫塞克公司（40%股权）	14.81	中国海洋石油有限公司	加拿大 OPTI 公司（招标编号 2）	1.84

（续表）

2011 年		全　球		中国 – 海外	
9	必和必拓公司	霍克石油能源公司	14.76	中国石油化工有限公司	澳大利亚大平洋液化天然气有限公司（15%）	1.77
10	马拉松石油公司（股东）	马拉松石油天然气总公司	14.67	万华实业集团有限公司	博尔索德化工公司（58%）	1.53
合计			217			26.22

附录 2

华为就 3Leaf 事件发表的公开信①

胡厚崑 华为副董事长 华为美国董事长

我们希望能向您介绍一些关于 3Leaf 事件以及关于华为公司基本情况的事实，希望我们提供的信息有助于您了解这个收购案的实际情况和华为对此事的立场，并澄清一些长久以来关于华为的不真实的传闻。

2010 年 5 月和 7 月，3Leaf（位于圣克拉拉的一家破产的新兴技术公司）停止运作并且在没有其他买主收购其知识产权的情况下，华为美国子公司 Futurewei 收购了 3Leaf 的特定资产。华为在 5 月交易完成

---

① 资料来源：http：//pr. huawei. com/cn/news/hw－092878－－－－－－. htm.

前向美国商务部工业与安全局递交了申请，并获得了美国商务部批示：出口 3Leaf 这一技术无须许可。但是，了解到 CFIUS 对此交易感兴趣后，2010 年 11 月，华为自愿向 CFIUS 递交了正式申请，请其对此交易进行审查并给予了全力配合。

2 月 11 日美国 CFIUS 正式通知华为，建议华为按照其提出的条件撤回审查申请，我们最初决定拒绝接受 CFIUS 的这一建议。我们是希望走完全部的流程，以有机会还原华为的真相。但是，引起如此巨大的反响不是我们所希望的。基于这一考虑，2 月 18 日，我们最终决定接受 CFIUS 的建议，撤回"收购 3Leaf 特定资产交易"的申请。

华为始终尊崇美国是一个伟大的国家，尊重美国的民主、自由、法制和人权的价值观，并努力向美国人民学习。正如奥巴马总统在就职演说中所说："今天，我们在这里齐聚一堂，因为我们战胜恐惧选择了希望，摒弃冲突和矛盾选择了团结。今天，我们宣布要为无谓的摩擦、不实的承诺和指责画上句号。"正是基于对此的高度认同，我们也以此为目标，促进华为与美国企业的合作。

华为是 1987 年在中国深圳成立，由员工 100% 持股的私营企业，是全球第二大电信设备供应商。

华为立志于在美国市场进行长远投资，今天，华为在美国已拥有 1 000 多名员工。我们一直试图将更多的创新产品和服务带给美国客户，并成为一个模范的投资者、雇主、纳税人和企业公民。2010 年，我们从美国公司购买了价值高达 61 亿美元的产品和服务，在美国的研发投资以每年 66% 的速度增长，去年达到了 6 200 万美元。

在华为投资美国的 10 年里，我们也遭到了一部分人对华为的误解。这些误解包括，"与 PLA 有密切联系"、"知识产权纠纷"、"中国政府的财务支持"、"威胁美国国家安全"等。

首先，关于"与 PLA 有密切联系"的质疑，引用的主要根据是华为创始人兼 CEO 任正非先生曾在中国人民解放军服役。任正非先生生于 1944 年 10 月 25 日，父母是乡村中学教师，中、小学就读于贵州边远山区的少数民族县城，1963 年就读于重庆建筑工程学院，毕业后就业于建筑工程单位。1974 年为建设从法国引进的辽阳化纤总厂，应征入伍加入承担这项工程建设任务的基建工程兵，历任技术员、工程师、副所长（技术副团级），无军衔。在此期间，因做出重大贡献，1978 年出席过全国科学大会，1982 年出席中共第十二次全国代表大会。1983 年随国家整建制撤销基建工程兵，而复员转业至深圳南海石油后勤服务基地，工作不顺利，转而在 1987 年集资 21 000 元人民币（2 500 美元）创立华为公司，1988 年任华为公司总裁至今。事实上，有着在军队服役经历的 CEO，无论在中国还是美国，都是一件再正常不过的事情。在全球范围内，华为只向客户提供符合民用标准的通信设备。无任何事实证明华为与军方技术有关。

其次，关于"知识产权纠纷"的误解。事实上，华为自成立以来，一直尊重他人知识产权，也注重保护自有知识产权。目前，我们在全球累计申请专利 49 040 件，获得专利授权 17 765 件。我们还通过交叉授权许可，使用他人专利，2010 年，我们向西方公司支付的专利许可费为 2.22 亿美元（其中 1.75 亿美元支付给美国公司）。我们仅支付给美国高通公司的知识产权费用已超过 6 亿美元。2003 年，斯科起诉华为侵权，经过大量调查了解，最终斯科撤销了讼诉，这场诉讼反而证明华为在知识产权方面基本没有问题，华为也学会了即使存在一些问题，也可以通过协商和对方达成一致。

第三，关于"中国政府财务支持"。实际上，华为总部在中国深圳经济特区，一直都是在市场经济的环境中发展成长的，公司发展的资金来源于股东和正常的商业贷款。华为和其他在中国的商业公司一样，享受中国政府对高科技企业的税收优惠，以及研发创新方面的支持，2010 年获得中国政府研发创新方面的资金共计 5.93 亿人民币（约合 8 975 万美元），但从未享受超过正常商业公司之外的额外资金支持。包括中国的商业银行授予华为的高额的买方信贷，实际上其贷款额度是给华为的客户的，而非华为，通过华为向这些客户推荐，由华为的客户承担贷款利息和还款。2010 年，通过买方信贷促成的业务，约占到华为 2010 年收入的 9%，与业内同行相当。例如，2004 年国家开发银行与华为签署了 100 亿美元买方信贷额度，2009 年该额度扩大至 300 亿美元。目前，客户共使用了约 100 亿美元的额度。

第四，关于"对美国国家安全造成威胁"的传言，主要是质疑华为"窃取美国机密信息"和"特殊时期发动网络攻击"。在美国，华为通过独立的第三方安全认证公司如 EWA 等进行安全测试，从产品的源代码级别确保产品的安全可靠。此外，通过建立"可信任的交付"模式，来保障网络交付安全。当然，我们对于安全的理解，是不是还不能达到美国政府的要求，我们想知道，是不是已经掌握了华为有违反美国安全的事例，具体是什么能否告诉我们。美国政府是对华为的过去担忧？还是对华为未来的发展担忧？担忧哪些方面？具体什么事情？我们能否一起找到解决的办法。我们愿意遵照美国政府在安全方面的任何要求，开放给美国的权威机构进行调查，我们将坦诚地给予配合。事实上，作为民用通信设备供应商，我们在全球率先建立的端到端的网络安全保障体系，通过与各国网络安全监管机构合作，共同面对网络安全带来的挑战。我们也认为信息浪潮越来越大，安全的困难越来越多，我们积极地与各国政府、各种组织机构合作起来，共同担负起防范的责任。

美国总统林肯曾经说过："品格像是一棵树，名誉就像是树的影子。"多年来，这些误解和传言如同华为的影子一样，影响了华为的声誉，也影响了美国客户还有政府对华为的判断。我们一直希望美国政府能够全面地公开调查华为，产生明确的结论，无论这个结果最终是否有利于华为。

美国是全球最大的电信市场，华为希望进入这个市场，也一直在努力来证明自己。而这些误解，也确实影响了我们的一些商业活动。这里面有商业利益的驱使，我们是理解的，竞争是有困难的。华为在全球领先的无线宽带技术在美国的应用，有益于美国的电信运营商以及美国民众，他们不需要花很多的钱就可以获得更先进的技术，更快的网络速度。而且无线基站会越来越简单，像手机一样，不是危害安全的重点。对美国运营商所担心的一些领域的一些产品，华为承诺不对美国市场销售，也诚恳地希望美国有关方面指出并明确这些技术进入美国的禁止年限。有一些在当前看来很重要的技术，过一段时间会变得落后和简单，全面的防范成本太高。

实际上，我们一直希望：美国政府能够就对华为的所有质疑给予正式的调查。正如一开始提到的，美国是一个倡导民主、自由、法制、人权的国家，美国政府部门在管理上的高效以及公平和公正，给华为在投资美国 10 年过程中留下了深刻的印象。我们相信，如果能够通过美国的公平与正义的调查流程，能证明我们是一家真正的商业公司。